Regina Hamburger

EL ABC DE LA SEDUCCIÓN

Grupo: Psicología

Otros títulos sobre

PSICOLOGÍA

DOROTHY CORKILLE BRIGGS	*El niño feliz*
GILBERT TORDJMAN	*Cómo comprender las enfermedades psicosomáticas*
BORIS CYRULNIK	*Los patitos feos* **La resiliencia: una infancia infeliz no determina la vida**
REGINA HAMBURGUER	*El ABC de la seducción*
JEAN LUC AUBERT Y CHRISTIANE DOUBOVY	*¡Mamá, tengo miedo!* **Guía para madres ansiosas**
FRANCESCO ALBERONI	*La esperanza*
FRANCESCO ALBERONI	*El origen de los sueños*
FRANCESCO ALBERONI	*Ten coraje* **Una exhortación a ser dueños de nuestro destino**
CELSO ANTUNES	*La teoría de las inteligencias liberadoras*
CELSO ANTUNES	*El desarrollo de la personalidad y la inteligencia emocional*
MARK FISHER Y MARC ALLEN	*Piensa como un millonario*
ROSINA CRISPO Y DIANA GUELAR	*Adolescencia y trastornos del comer*
PETER D. KRAMER	*Conflictos de pareja* **Recomendaciones de un famoso especialista para resolver momentos de crisis**

EL ABC DE LA SEDUCCIÓN

Regina Hamburger

gedisa
editorial

Título del original en alemán:
1 x 1 des Flirtens

Traducción: Nélida Machain

Diseño de cubierta: Alma Larroca

Primera edición: julio de 1995, Barcelona
Primera reimpresión: septiembre del 2002, Barcelona

Paseo Bonanova, 9 1º-1ª
08022 Barcelona (España)
Tel. 93 253 09 04
Fax 93 253 09 05
Correo electrónico: gedisa@gedisa.com
http://www.gedisa.com

ISBN: 84-7432-557-9
Depósito legal: B. 37632-2002

Impreso por: Carvigraf
Cot, 31 - Ripollet

Impreso en España
Printed in Spain

Indice

A Antons

Agradecimiento

Quiero agradecer a todas las personas de mi "red de relaciones" por sus sugerencias y su entusiasta apoyo. Es probable que sin ellos no hubiera llegado a escribir este libro. Vaya mi particular gratitud a Bäerbel Hohnstädt, auténtica "estimadora de valores", cuya amistad ha constituido un valioso apoyo; a Johanna Leclerc-Springer y a Melita Künne-Rosenkranz, que me secundaron con sus consejos de amigas y colegas; a Gisela Rudolf, que me brindó su valiosa ayuda para concretar este proyecto; al doctor Peter Kirfel, quien siempre se muestra alerta a mis ideas y me ha posibilitado llevar a la realidad mis proyectos de cursos; a quienes participaron en mis cursos y tanto me enseñaron; a todas las personas que me relataron, de buen grado, sus historias de flirteo; a Christina Seitz, gran ayuda como amable y pulcra lectora. Pero, sobre todo, quiero agradecer a Antons por su permanente y viva participación.

Escaramuzas iniciales

Antes de empezar a trabajar con un nuevo grupo de gente —por ejemplo en cursos, talleres o seminarios— procuro imaginar de qué situación parte cada miembro, cuáles son sus expectativas y adónde quieren llegar merced a nuestra empresa en común.

¿A quiénes les interesa un "libro de autoayuda" como éste? Yo misma acudo, desde hace muchos años, a los libros de consejos y de autoayuda, y siempre lo hago con placer. A diferencia de lo que ocurre con otros libros —en mi caso libros técnicos sobre psicología— suelo encontrar en ellos explicaciones accesibles y entretenidas de temas muy difíciles.

Son libros que puedo leer en los medios de transporte o en los ratos libres, a modo de descanso. Para mí son lectura de distracción, una manera grata de pasar el tiempo. Lo sorprendente es que, en muchas ocasiones, me inducen a adoptar nuevos puntos de vista o formas de comportamiento diferentes. De tanto en tanto, me dejo atrapar y devoro uno de estos libros. A veces los hojeo mientras veo televisión, leo algo y luego los dejo. Sé que se suelen encontrar frivolidades, perogrulladas, cosas que se dan por sentadas. Pero la descripción de hechos cotidianos me ha aclarado, más de una vez, puntos que no se me fijaban en las exposiciones teóricas.

Como autora de libros de consejos me encuentro en una posición intermedia: vinculo descubrimientos de la psicología con nuestra existencia cotidiana. Y eso ocurre a partir de un plano que se ha ido desarrollando sobre la base de modelos de la psicología —sobre todo de la psicología clínica— y de mi experiencia profesional y personal. No pretendo ser dueña de verdades absolutas. Ruego al lector que tome mis descripciones e interpretaciones como algo subjetivo. Sin embargo, es posible que descubra más de una cosa que coincide con su propia visión subjetiva. Puede que sienta que hay afirmaciones terminantes que son inaplicables en su caso. Pero quizá lo que describo e interpreto llegue a ser un estímulo que lo ayude a enfocar, alguna vez, las cosas desde mi punto de vista.

Aparte del placer que me proporcionan, estos libros tienen otro valor para mí. Como no soy demasiado reverente, me resulta más fácil encararlos con visión crítica. El autor es, para mí, una persona como "usted y yo", es decir, alguien falible. Mi relación con él no genera tensiones. A veces pienso: "¡Pero qué estupidez!"; otras veces exclamo: "¡Sí, exacto! Lo sé muy bien" o bien "Este aspecto es interesantísimo". Como se verá, es una relación de camaradería y vecindad, muy diferente de la que puedo establecer con una autoridad científica.

Mi intención, en este caso, es entretener al lector, informarlo y animarlo a experimentar. Estoy segura de que todos conocen gran parte de lo descripto por experiencia propia. Pero quizá no lo hayan considerado desde el ángulo que yo les propongo. Cuando uno ve las cosas de una manera un poquito distinta, puede ocurrir que le den ganas de probar, alguna vez, otras formas de comportamiento. Eso suele ocurrir en mis cursos de flirteo.

Pues bien, este libro pretende tomar cosas muy concretas de nuestra vida cotidiana y señalar posibilidades de manejar de otra manera nuestras dificultades normales.

Quizás usted se pregunte de qué dificultades puede tratarse en un tema como el del "flirteo". Y bien, un flirteo tiene que ver, en primer lugar, con la manera de establecer contacto. Cuando flirteamos, tomamos contacto con otra persona, nos ponemos en relación con ella.

Como seres sociales que somos, dependemos de los contactos con otros. Para llegar a ser lo que somos, para realizarnos, debemos desarrollar, por un lado, nuestras capacidades innatas —talentos, dotes— y, por otro lado, necesitamos de otros para que nos estimulen, nos enseñen, nos apoyen, nos brinden coraje y reconocimiento, nos entiendan y nos amen. Y, llegado el caso, para que también nos critiquen.

En esta cultura nuestra, centrada en la productividad y en la actividad, nuestras relaciones interhumanas parecen haber pasado a segundo plano. Hay quienes se consagran a metas profesionales y a la cacería del éxito, y pierden contacto con otras personas. En el camino se rompen parejas y uno se conforma con contactos superficiales con colegas o con socios de su club deportivo. No quedan ni tiempo ni ganas para cultivar relaciones cordiales con personas afines a otros aspectos de nuestra esencia.

Admiro a quienes desarrollan sus talentos y hacen accesible su producción a los demás. Pero la unilateralidad y el perfeccionismo en un mismo terreno conducen, a la larga, a una parálisis espiritual. Todos tenemos, en mayor o menor grado, personalidades múltiples. A veces es necesario concentrarse en un ámbito, en un aspecto de esa personalidad, para realizar algo allí. La organización de una empresa propia o la obtención de una importante calificación profesional, por ejemplo, exigen todas nuestras fuerzas por un tiempo. Pero, en algún momento, los aspectos olvidados de nuestra personalidad se hacen sentir, sea a través de una insatisfacción paralizante o de síntomas físicos. No somos seres hechos sólo para rendir; necesitamos establecer relaciones con otra gente. Así como debemos desarrollar muchas habilidades en nuestra profesión, para manejar un hogar y para las actividades del tiempo libre, así también debemos permitir que se desarrollen diversas relaciones con las personas más diversas.

El anverso de la medalla de nuestra brillante sociedad de producción y bienestar se pone de manifiesto en el creciente número de personas que requieren apoyo psicoterapéutico porque se sienten “perturbadas”. Esas “perturbaciones” se producen en el ámbito de las relaciones con uno mismo y con los demás.

En lo que se refiere al rendimiento, hace ya mucho que hemos aceptado la necesidad de aumentar nuestros conocimientos, de mantenernos al día y de perfeccionar nuestras habilidades. Asistimos a cursos de extensión profesional y, en nuestro tiempo libre, aprendemos otros idiomas y actividades creativas. ¿Pero cómo nos relacionamos con nosotros mismos? ¿De dónde extraemos fuerzas y confianza para todos esos esfuerzos? Es evidente que consideramos la capacidad de mantener relaciones satisfactorias con nosotros mismos y con los demás como algo natural.

Yo entiendo mi trabajo como una oferta de perfeccionamiento en el terreno de las relaciones. A ese perfeccionamiento se consagra mi actividad como asesora psicológica en crisis vitales y mi trabajo con grupos dentro del marco de la educación de adultos. Entre otras cosas, dicto, desde hace años, cursos para la búsqueda de pareja. En esos cursos elaboramos, con gente que ha dejado atrás los veinte años, estrategias para encontrar —por así decirlo, en la segunda rueda— la pareja que armonice. Cuando uno ya es alguien con ángulos y aristas, con preferencias y rechazos e ideas muy definidas respecto de lo que ha de ser una relación, es necesario tratar a mucha gente para dar con "la pareja ideal". Los asistentes a esos cursos me preguntaban si no correspondía tratar en ellos el tema del flirteo. Porque el flirteo es el modo más placentero de aproximarse a alguien y es también una forma de contacto a través de la cual se puede probar si dos personas "comparten la misma longitud de onda". Desde entonces organicé muchos cursos y talleres de flirteo, y las experiencias que éstos me permitieron recoger forman parte esencial de este libro.

¿A quiénes les puede resultar interesante esta recopilación de consejos?

Supongo que puede interesarle a gente que tiene la sensación de poder mejorar su habilidad para aproximarse a otros.

Quizás usted haya vacilado con sólo leer el título y busque algo liviano, alegre. También es posible que el título haya despertado en usted un interrogante: ¿qué es flirtear? No se trata de una pregunta fácil de responder. Uno tiene una idea de lo que puede ser; pero cuanto más lo medita, tanto más nebuloso se vuelve el concepto.

Una ojeada al diccionario no ayuda mucho. "Hacer el amor por pasatiempo, sin intención formal", nos dice. ¿Y cómo se puede enseñar eso? ¿Cómo se pueden emitir consejos sobre un tema así?

Como señalamos, la idea surgió de cursos para gente que busca pareja. Ese es un asunto serio. Pero la experiencia nos demuestra que, justamente, el exceso de seriedad y, sobre todo, las expectativas exageradas pueden dificultar mucho el conocimiento de las personas.

Imaginemos que, después de mucho pensarlo, alguien ha decidido buscar una compañera para el resto de su vida. En sus momentos de tranquilidad, ha pasado revista a todas las mujeres con las cuales se cruza al regresar a su casa o al hacer las compras, y se ha decidido por una. Cuando la vuelve a encontrar en el supermercado, toma coraje, se le acerca y le dice:

—Disculpe que la aborde así. Me llamo Heinrich y ando en busca de mi futura esposa. ¿Quisiera usted ser la compañera de mi vida?

Es muy probable que esta forma de contacto no tenga mucho éxito. Aunque dejemos de lado esto, no cabe duda de que nuestro Heinrich es demasiado rígido en sus ideas sobre la mujer de sus sueños, como para aproximarse debidamente a esa mujer de carne y hueso, y tener oportunidad de conocerla. Yo le aconsejaría que postergara, por el momento, su deseo de encontrar la compañera de su vida y empezara por ejercitarse en la forma de tomar contacto con un ser humano en general.

1
¿Qué es, en realidad, flirtear?

Es probable que usted ya sepa de qué se trata; sin embargo, querría saber algo más preciso al respecto. Quizá se pregunte si es algo que se hace ocasionalmente o si es necesario saber hacerlo. Necesario, no. Pero si uno flirtea se siente, en seguida, un poquito mejor y la atmósfera que lo rodea se torna un poco más cálida. Es algo pequeño, que suele pasar inadvertido, pero que puede tener consecuencias importantes.

Al tocarse el tema del "flirteo", usted puede haber pensado en algo vinculado con la tensión erótica, con esa crepitante atracción entre un hombre y una mujer, que va acompañada por un cosquilleo en el estómago y un poquito de excitación.

Aquí enfocaremos el concepto con mayor amplitud. Yo entiendo por flirteo una determinada manera de establecer contacto con otra gente; una manera liviana, juguetona, creativa. Un flirt se da; no puede planearse. Se produce, simplemente, cuando las condiciones son favorables. Alegra un poco nuestra existencia cotidiana y la hace más digna de ser vivida. Su amplitud de onda va desde la sonrisita con la cual respondemos a la mirada descaradamente curiosa de un niño, hasta ese excitante "jugar con fuego" que puede preceder a una historia de amor entre dos seres, pasando por la broma con la que podemos restar importancia a un hecho desagradable en sí... por ejemplo, el dinero de menos que le devuelven en el supermercado.

Es probable que conozca la sensación: uno se despierta por la mañana y se siente bien. El sol está radiante y uno tiene tiempo para empezar con toda calma su día. Quizás ese ánimo se deba a la sensación que dejó en nosotros ese sueño agradable, que ya no podemos reconstruir. El café sabe mejor que de costumbre. Uno se siente fresco y despreocupado. Con ese humor plácido se pone en marcha hacia el trabajo.

Puede ser que poco antes haya resuelto un problema difícil o haya completado alguna ardua labor. También puede ser que acabe de restablecerse de una gripe. Lo cierto es que uno se siente libre y a gusto dentro de su pellejo. Las pequeñas cosas de todos los días nos producen placer: el azul del cielo, el verdor del follaje. Cuando pasamos por la panadería nos envuelve el aroma a pan recién horneado. Uno no se ha trazado planes especiales, resolverá con solvencia el trabajo que le aguarda y está abierto a lo que el instante le traiga.

Al llegar al quiosco se encuentra con la grata sorpresa de que la encargada ya sabe el periódico que uno va a pedir. Contra nuestra costumbre, le deseamos "el mejor de los días"... y se lo deseamos de corazón. Subimos al tranvía; pero esta vez no metemos automáticamente la nariz en el periódico, sino que comenzamos a observar a los pasajeros. La mayoría de ellos parece no haber tomado aún contacto con la realidad. Miran por la ventanilla con rostro inexpresivo o interponen una revista entre ellos y sus vecinos. Más de uno parece dormido; quizá no haya podido desprenderse aún de sus sueños. Miramos por la ventanilla y advertimos lo variado de la vestimenta que llevan los transeúntes. El tranvía se detiene y uno observa a la gente que aguarda en la parada. Y entonces nuestra mirada se cruza con la de alguien; tarda una fracción de segundo más en apartarla que lo habitual. Los ojos se deslizan brevemente sobre el grupo de escolares que juguetean y luego vuelven al simpático personaje que aguarda en la fila. El nos sonríe y le devolvemos la sonrisa, mientras experimentamos una sensación de tibieza en el corazón. El tranvía sigue viaje. Durante unos instantes, uno disfruta de esa sensación agradable. Alguien nos ha hecho un pequeño obsequio y lo llevaremos con nosotros durante todo el día. ¿Qué nos puede salir mal?

¿Esto entra ya en la categoría de flirteo para usted, lector o lectora? ¿O por flirteo entiende más bien el siguiente episodio?

Una joven va camino al lugar en el que se ha citado con una amiga. Faltan pocos minutos para las siete de la tarde. Mientras camina a toda prisa, se pregunta por qué llega casi siempre

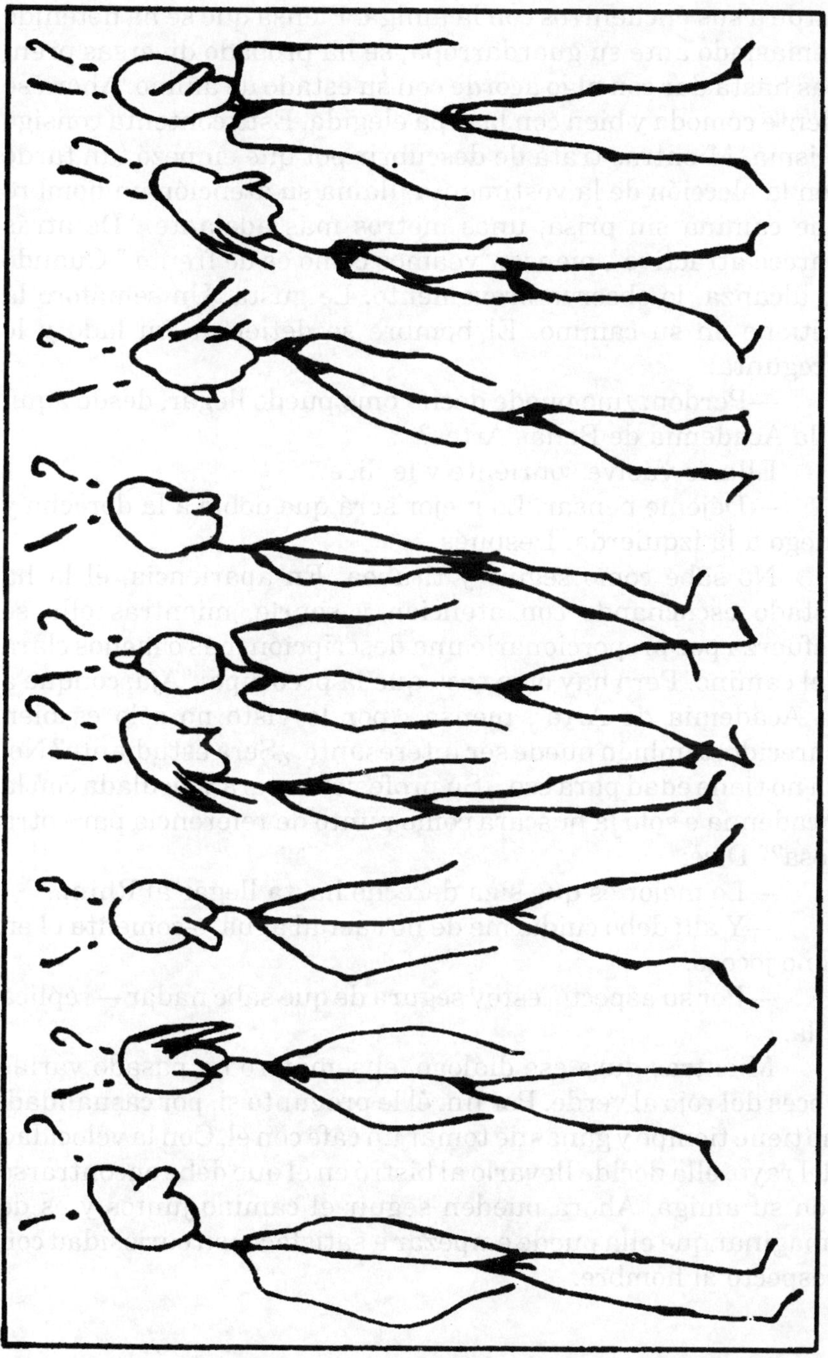

tarde a sus encuentros con la amiga. Piensa que se ha detenido demasiado ante su guardarropa, se ha probado diversas prendas hasta dar con algo acorde con su estado de ánimo. Ahora se siente cómoda y bien con la ropa elegida. Está contenta consigo misma. Mientras trata de descubrir por qué empezó tan tarde con la elección de la vestimenta, llama su atención un hombre que camina sin prisa, unos metros más adelante. "De atrás parece atractivo", piensa, "veamos cómo es de frente." Cuando lo alcanza, lo observa brevemente. Le gusta. Un semáforo la detiene en su camino. El hombre se detiene a su lado y le pregunta:

—Perdón, ¿me puede decir cómo puedo llegar, desde aquí, a la Academia de Bellas Artes?

Ella se vuelve sonriente y le dice:

—Déjeme pensar. Lo mejor será que doble a la derecha y luego a la izquierda. Después...

No sabe cómo seguir y titubea. En apariencia, él la ha estado escuchando con atención y sonríe, mientras ella se esfuerza por proporcionarle una descripción más o menos clara del camino. Pero hay otra cosa que la preocupa: "Ajá, conque a la Academia de Arte", piensa, "por lo visto no sólo es bien parecido; también puede ser interesante. ¿Será estudiante? No, ya no tiene edad para eso. ¿Su profesión estará vinculada con la Academia o sólo la buscará como punto de referencia para otra cosa?" Dice:

—Lo mejor es que siga derecho hasta llegar al Rhin...

—Y allí debo cuidarme de no caer al agua —comenta él en tono jocoso.

—Por su aspecto, estoy segura de que sabe nadar —replica ella.

Mientras dura ese diálogo, el semáforo ha pasado varias veces del rojo al verde. Por fin, él le pregunta si, por casualidad, no tiene tiempo y ganas de tomar un café con él. Con la velocidad del rayo, ella decide llevarlo al bistró en el que debe encontrarse con su amiga. Ahora pueden seguir el camino juntos y es de imaginar que ella puede empezar a satisfacer su curiosidad con respecto al hombre.

¿Qué caracteriza al flirteo?

El flirteo surge espontáneamente entre dos personas. Sólo podemos ser espontáneos cuando no estamos sumidos en un problema difícil o embarcados en una tarea compleja. Estaremos dispuestos y receptivos para el flirteo si estamos en un estado interior de despreocupación. No confundamos eso con aburrimiento. Cuando nos aburrimos estamos descontentos y tenemos la sensación de que nos falta algo, de que algo debe pasar o de que debemos emprender algo. El ánimo propicio al flirteo se asemeja más al de un niño que anda dando vueltas por ahí con los ojos bien abiertos e interesado por lo que ocurre en el mundo que lo rodea.

De modo que el flirteo tiene algo que ver con la distensión; no se persigue un objetivo preciso ni se procura sacar ningún provecho.

Si comparamos este tipo de toma de contacto con la conversación mantenida en una entrevista para obtener un trabajo —que también es un primer contacto con alguien— resultará claro lo que quiero decir. En la entrevista uno trata de mostrarse como un profesional competente y uno procura descubrir si ese puesto es lo que realmente le conviene. En esa situación es difícil estar distendido... aun cuando eso sería lo más conveniente. Todo gira en torno a algo.

En contraste, el flirteo se basta a sí mismo. Es un juego del momento, un minidrama de la vida diaria que nos divierte. Uno le arroja al otro una pequeña porción de caricia al transmitirle la señal: "Te veo y te encuentro simpático". Si el interlocutor entra en el juego, devolverá la pelota y se establece una especie de partido de ping-pong. Los contrincantes se estimulan mutuamente a aflojar un poco las riendas, por un momento, y a entregarse a sus ocurrencias. La gente muy seria puede considerar ese tipo de comunicación como tontería o frivolidad. Se les debe dar a entender, con un guiño, que no siempre hay que tomar las cosas con seriedad, que a veces se puede disfrutar de un instante compartido, sin intenciones y sin perseguir una meta.

Esa falta de intencionalidad marca el límite entre un flirteo y un torpe "ligue", en el cual la intención se disfraza de diálogo liviano y se oculta tras una falsa animación.

Mucho cuidado si "juega con fuego"

Los juegos son excitantes, crean suspenso y un cierto dramatismo. ¿Es el flirteo algo realmente tan inocuo y juguetón? ¿No existe el peligro de que nos quememos los dedos por "jugar con fuego"? Las personas que participan en mis cursos de flirteo suelen manifestar el temor de "encenderse" en un flirteo, de enamorarse seriamente, pues existe la posibilidad de que el otro despierte en uno sentimientos profundos. Después de todo, uno puede llegar a aspirar a algo más que a un pequeño flirteo. ¿Y no sería doloroso que el otro no compartiera esos sentimientos? También podría suceder que el otro interpretara mal el juego y tratara de hacer valer derechos que fueran mucho más allá de lo que uno estaría dispuesto a conceder. Los hombres temían llegar a la situación de quien juega con los sentimientos del prójimo; las mujeres, en cambio, temían correr el peligro de que alguien jugara con sus propios sentimientos.

En el flirteo existe el riesgo de que el juego se convierta en algo "serio". Eso ocurre con todos los juegos. Lo más seguro es tener cerca al marido o a la esposa. Las reacciones de celos de su pareja le advertirán que la temperatura del flirteo se ha elevado más de la cuenta.

Más adelante volveré sobre el tema y señalaré qué se debe cuidar y con qué seguridades se puede contar para no sobrepasar el marco del juego. Pero quiero adelantar una cosa: un flirteo no compromete a nada, siempre y cuando uno sea honesto y no simule sentimientos que no existen. Además, el flirteo vive de insinuaciones, es algo sutil; eso es lo que lo distingue de las aproximaciones sexuales.

Sensibilidad para los límites

Un flirteo es algo grato. Nos acercamos al otro a través del aspecto infantil de nuestra personalidad. Los niños son despreocupados, no tienen malicia y sienten curiosidad por los otros. Viven el instante y están abiertos a las nuevas experiencias. Con ellos no sucede como con los adultos, que tienen todo un catálogo de prejuicios según el cual se orientan. Los niños se abandonan a sus sentimientos cuando se trata de elegir con

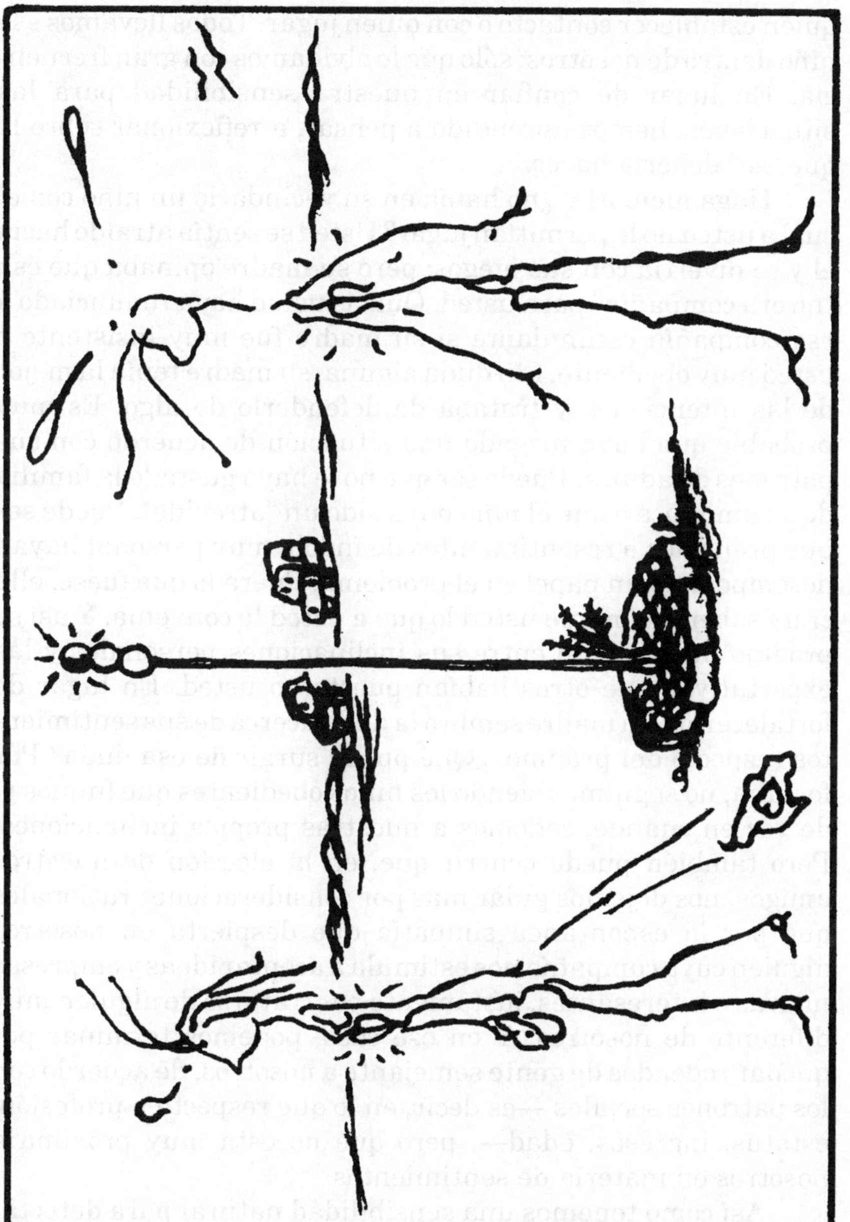

quién establecer contacto o con quién jugar. Todos llevamos ese niño dentro de nosotros; sólo que lo olvidamos con gran frecuencia. En lugar de confiar en nuestra sensibilidad para las situaciones, hemos aprendido a pensar, a reflexionar sobre lo que "se" debería hacer.

Haga memoria: ¿no había en su vecindario un niño con el cual a usted no le permitían jugar? Usted se sentía atraído hacia él y se divertía con sus juegos; pero su madre opinaba que ésa "no era compañía" para usted. Quizás usted haya renunciado a esa compañía estimulante si su madre fue muy insistente o usted muy obediente. Sin duda alguna, su madre tenía la mejor de las intenciones y trataba de defenderlo de algo. Es muy probable que haya juzgado una situación de acuerdo con sus patrones de adulta. Puede ser que no le haya gustado la familia de su amiguita o que el niño haya sido un "atrevido". Puede ser que prejuicios o resentimientos de índole muy personal hayan desempeñado un papel en el problema. Fuera lo que fuese, ella creía saber mejor que usted lo que a usted le convenía. Y así se produjo un conflicto entre sus inclinaciones personales y las expectativas que otros habían puesto en usted. En lugar de fortalecerlos, su madre sembró la duda acerca de sus sentimientos respecto del prójimo. ¿Qué puede surgir de esa duda? Por fortuna, no seguimos siendo los niños obedientes que fuimos y, de vez en cuando, cedemos a nuestras propias inclinaciones. Pero también puede ocurrir que, en la elección de nuestros amigos, nos dejemos guiar más por consideraciones racionales que por la espontánea simpatía que despierta en nosotros alguien cuya compañía nos estimula a aceptar ideas y empresas nuevas e interesantes, justamente por tratarse de alguien muy diferente de nosotros. Y en ese caso, podemos terminar por quedar rodeados de gente semejante a nosotros, de acuerdo con los patrones sociales —es decir, en lo que respecta a profesión, estatus, ingresos, edad—, pero que no está muy próxima a nosotros en materia de sentimientos.

Así como tenemos una sensibilidad natural para detectar a la gente bien intencionada o no con respecto a nosotros, también sentimos qué es posible y qué no en lo que se refiere a una situación entre dos personas. Tenemos antenas muy sensibles para advertir lo que se desarrolla dentro de un flirteo, lo que cabe dentro de éste y por dónde pasan los límites. Sentimos que una situación se ha vuelto delicada y que estamos a punto de embarcarnos en algo que no buscábamos. De alguna manera, nos sentimos incómodos. Es porque hemos llegado a un punto en el cual debemos señalar los límites o tomar la decisión de sobrepasarlos.

Supongamos que, en un día soleado, usted está sentada a la mesa de un café al aire libre. Está de excelente humor y ha entablado un pequeño flirteo con su vecino. De pronto siente que uno de los comentarios de éste es un poco picante, o un roce —aparentemente casual— la molesta. ¿Qué le impide establecer distancia en ese mismo momento? ¿Y no cree que su interlocutor la interpretará? Recuerdo una breve escena representada en uno de los talleres de flirteo. Estábamos practicando cómo "decir no". La escena se desarrollaba en un bistró. Una de las participantes debía sentarse a la mesa de un hombre, con la intención de iniciar una charla. El debía rechazar la oferta de modo cortés, pero directo. Todos observamos, con sorpresa, cómo él —en respuesta a la pregunta "¿Está libre este lugar?"— manifestaba sutilmente, pero con toda claridad, que no deseaba ser molestado. Como si lo hubiera arrancado de una profunda meditación, miró en derredor para cerciorarse de que no había más lugares libres, y, sin mirar a quien lo abordaba, emitió un dubitativo "hmm". Por supuesto, la participante entendió al punto el significado de esa respuesta; pero para probar, en su juego, hasta qué punto podía llegar pese a la reacción de rechazo del hombre, siguió actuando, hasta que su interlocutor le dijo, con toda claridad, que estaba reflexionando sobre algo importante y no se encontraba dispuesto a entablar conversación.

Fue un alivio para todos el comprobar que tenemos antenas para las situaciones sociales y que basta con un pequeño detalle para advertir si alguien está o no dispuesto a establecer contacto. De modo que no hay por qué temer un rechazo áspero y ofensivo.

Nuestras antenas funcionan; basta con que les prestemos atención. Protegidos por ellas podemos arriesgarnos a buscar un flirteo.

¿Se puede aprender a flirtear?

Con frecuencia me preguntan si ese tipo de cosas se puede aprender... uno es capaz de flirtear o no. Yo parto de la base de que cualquiera puede flirtear. Todos hemos sido alguna vez bebés deliciosos que, desde los brazos de su madre, arrancaban una sonrisa o un mimo a otra gente. También hemos sabido ganarnos a otros niños como compañeros de juego o lograr que nuestra abuela nos comprara un helado. Si bien es cierto que en la adolescencia nos preocupaba mucho saber si "él" o "ella" nos consideraba atractivos, nunca pensamos en cómo había de desarrollarse la excitante escaramuza con representantes de otro sexo. Por otra parte, eso escapaba a nuestro control, se cumplía como un suceso con dinámica propia... siempre que fuéramos capaces de dar el difícil primer paso de acercarnos al otro o de reaccionar al intento de aproximación del otro.

Pero en esa etapa de la vida pueden asomar ya pequeñas perturbaciones en el establecimiento de contactos. Más de un participante de los cursos confesó que había evitado cuidadosamente la compañía de jovencitas por temor a ruborizarse y a no ser capaz de pronunciar palabra. Sólo al descubrir, más adelante, que las jovencitas y las mujeres no eran los seres perfectos que él suponía, se había animado a entablar conversación con ellas... por lo menos, con aquellas cuyo extraordinario atractivo no lo había asustado de entrada.

Yo supongo que muchas mujeres y hombres olvidaron o no siguieron desarrollando esa forma despreocupada y espontánea de establecer contacto con otros, sólo por falta de práctica. Los restos de timidez de su pubertad pueden haberlos inducido a dejar de lado el flirteo. También puede haberles faltado oportunidad, como en el caso del joven técnico que, tanto durante sus estudios como, más tarde, en el lugar de trabajo, sólo trató con hombres. Otra gente no tiene conciencia de su habilidad para flirtear... y lo hace con frecuencia.

Otra suposición es que las capacidades latentes pueden ser activadas o, dicho con otras palabras, que lo ya existente puede desarrollarse. Mi costumbre de aprovechar los descubrimientos de la psicología —sobre todo los resultados de la investigación clínica— para desarrollar maneras de ayuda, demostró ser extremadamente útil en los cursos y talleres. El lector encontrará esos ejercicios intercalados a lo largo del texto. Y si usted no sólo busca leer algo entretenido e informativo acerca del flirteo, aplíquelos, por favor. De más está decir que es mucho más divertido ensayar esos ejercicios en un grupo con motivaciones parejas; pero creo que, aunque los practique por sus propios medios, pueden resultar muy placenteros.

Ni en los cursos ni en este libro trato de brindar muestras esquemáticas de "flirteos cálidos" ni recetas para iniciar una relación amorosa. De acuerdo con mi definición de flirteo —algo espontáneo—, no pueden existir reglas fijas. Pero hay requisitos que lo posibilitan. Sobre esos requisitos trabajamos en los cursos. Al reforzarlos y perfeccionarlos, cada cual puede encontrar su propio estilo. Por ejemplo, un hombre más bien callado y retraído no se sentirá a gusto dentro de su pellejo, si intenta hacerse pasar por un "lobo". En cambio puede cultivar sus propias cualidades y desarrollar un estilo sensible, tranquilo y prudente de flirteo. Ese estilo propio le brindará mucho placer, no le exigirá esforzarse ni ponerse tenso, y será bien recibido por las personas receptivas a esa modalidad.

Los requisitos del flirteo son:

- Una autoestima sólida, es decir, estar de acuerdo consigo mismo, apreciar las propias fuerzas y reconocer las debilidades e imperfecciones.
- Saberse respetar, es decir, tener la certeza de ser una persona interesante, que tiene algo para ofrecer a los demás.
- Saber que uno dispone de ese potencial desaprovechado.
- Un poco de disposición al riesgo, para experimentar nuevas formas de conducta.
- Tener el coraje suficiente para vencer los propios miedos, por ejemplo, el miedo a quedar en ridículo o a ser rechazado, y arriesgar una mirada o una palabra a un desconocido.

Aprender —tal como yo lo entiendo— significa aprovechar las tendencias naturales (por ejemplo, la tendencia a buscar compañeros agradables) y probar, paso a paso, a partir del punto de partida momentáneo, nuevas formas de comportamiento. Todos tenemos muchas más posibilidades de acción de lo que suponemos. Si experimentamos, si experimentamos con éxito, ampliaremos nuestro horizonte.

De modo que aprender a flirtear significa tomar conciencia de las condiciones personales, prestarles atención, fortalecerlas y apoyarlas y... flirtear. Pues, desde mi punto de vista, mejoraremos cada vez más en este aspecto, lo cual representará un placer para nosotros mismos y para los demás.

2
Requisitos para el flirteo

No puedo dejar de sorprenderme ante la pobre opinión que de sí mismos tienen tantos hombres y mujeres valiosos. Aunque la gente que los rodea los admire, aunque hayan logrado superar las situaciones más difíciles, aunque hayan logrado los objetivos que perseguían, muchos parecen sentirse crónicamente insatisfechos consigo mismos.

Tomemos como ejemplo a Paul, quien resume su opinión de sí mismo en una cita de Groucho Marx: "Ni en sueños se me ocurriría pertenecer a un club dispuesto a aceptarme como socio". Es jefe de división de una gran empresa industrial y muy exitoso en su trabajo. Todos reconocen su competencia profesional y su talento para dirigir a los colaboradores. Se considera un ganador nato y declara que se habría destacado en cualquier carrera. Tiene cincuenta años, es un hombre atractivo, un conversador ameno y un oyente atento. Mantiene contacto con la gente más diversa y es un huésped bienvenido en casa de cualquiera de sus conocidos. Desde que se divorció, hace quince años, vive solo. No le faltan mujeres y sus amigos lo envidian por sus éxitos eróticos. Sin embargo, evita cualquier tipo de relación estrecha por temor a que, en ellas, salgan a relucir sus debilidades. A su juicio, la peor de sus debilidades es la incapacidad de entregarse en una amistad estrecha e íntima. Todo nuevo flirteo despierta su anhelo de una relación más próxima. Pero cuando advierte que está por enamorarse, toma distancia e inicia una nueva amistad superficial. Experimenta como blandura y debilidad su profundo deseo de encontrar a un ser que lo acepte tal cual es, y en el que él pueda confiar. Como ejecutivo, está habituado a empuñar las riendas. De modo que ahoga cualquier proceso de acercamiento en desarrollo. El resultado es que se siente ansioso, agotado y deprimido. En lugar de captar esas señales como aviso de que debe reflexionar sobre sí mismo y escuchar dentro de sí, se refugia en una práctica excesiva de deportes y en un excesivo consumo de alcohol. Procura evitar su insomnio con sedantes y *jogging* nocturno. Al huir de su creciente necesidad de apoyo, refuerza justamente esos aspectos de su personalidad —la bebida y la cacería de mujeres— que lo hacen despreciarse y que se esfuerza por ocultar a los demás. En lugar de ocuparse de esa parte de sí mismo y de aceptar sus reclamos, busca, en un curso de flirteo, consejos para "acercarse a mujeres" a las cuales "no ha podido conseguir de otra manera".

Hay mucha gente como él, en busca de algo que les brinde paz y satisfacción. La insatisfacción los empuja a encarar cada vez más actividades. Acumulan éxitos profesionales y deportivos, juntan dinero, compran casas y esperan que un automóvil más lujoso aun les proporcione, por fin, la satisfacción de ser uno consigo mismo. Pero parece un hechizo: el entusiasmo que les produce el anhelado contrato dura muy poco; la satisfacción de haber completado el doctorado en medicina y ser el internista más joven del país se va diluyendo con el tiempo; la frágil belleza resulta ser bastante pesada y no tan perfecta, una vez que les pertenece.

Muchos tienen tendencia a verse de una manera muy simplificada. Es posible que hayan adoptado los enfoques de sus padres, quienes suponían que sus hijos sólo llegarían a algo, si ellos les llamaban constantemente la atención sobre sus errores y debilidades. Con la sana intención de mejorarlos y de librarlos de la unilateralidad, esos padres suelen olvidar que los niños necesitan que se les confirmen sus talentos, sus cualidades y sus pequeños éxitos. Por lo contrario, suelen restar valor a lo que hacen bien, a lo que les divierte y a lo que realizan con facilidad, como si fuera algo que se da por sentado y no merece comentario alguno. En cambio se lleva a un excesivo primer plano a todo aquello que les resulta difícil o fastidioso. Sólo cuenta como éxito lo deslumbrante, lo que deja en sombra a todo lo demás. Y así, muchos individuos adquieren una imagen borrosa o falsa de sí mismos. Más adelante, eso se pone de manifiesto en una cierta timidez al exhibir sus habilidades o en un medroso esfuerzo por ocultar puntos débiles que suponen gigantescos.

La imagen difusa que tienen de sí mismas esas personas se debe, en parte, a su falta de realismo para estimar sus fuerzas. Sería el caso de alguien que toca el violín en sus ratos de ocio y mide sus ejecuciones por el patrón de un Yehudi Menuhin, con lo cual lo suyo carece de todo valor.

Muchas personas se muestran insatisfechas consigo mismas porque se orientan de acuerdo con un sistema de medición absoluto. Parece más simple juzgarse por el sistema de "ganadores y perdedores" que reconocer la propia complejidad y crearse un sistema de valores adaptado a la historia de su vida y a las características de su personalidad. ¿Puede haber algo menos realista que exigirse a sí mismo el máximo rendimiento y la perfección en cualquier terreno? No es necesario que yo sea una modista perfecta para colocar un cierre a cremallera en una falda.

¿Qué es para usted el éxito? ¿O es que usted es de los que creen que al no haberse destacado lo bastante en ningún terreno, no puede hablar de éxitos? ¿Tiene que haber hecho algún descubrimiento sensacional, tiene que haber escrito un *bestseller*, tiene que ser una estrella cinematográfica de fama internacional para atreverse a aplicar ese concepto a su vida? A mi juicio, éxito es todo aquello que deja un saldo positivo. Eso puede ser el examen que aprobamos y que demuestra nuestros conocimientos y habilidades para ejercer un determinado oficio o profesión. Pero también puede ser la reparación de la pérdida de agua en la bañera, que deja de perturbar nuestra existencia cotidiana.

Concentrarse en uno mismo

¿Por qué tanta gente corre de una meta a la otra? Muchos concentran todas las fuerzas en la profesión, para trepar —en la forma más rápida y continua posible— uno tras otro los peldaños de su carrera; otros se lanzan a la desaforada búsqueda de sucesos nuevos y excitantes en su vida privada. Hay quienes organizan su vida de modo de alternar una semana de sesenta horas de trabajo con un viaje de quince días. Muchos dan la sensación de vivir acosados por mil demonios desde que son responsables de su vida. Continuamente hay que hacer algo, producir algo, ganar algo.

En nuestra cultura se subraya la actividad. La pasividad es para nosotros más algo despreciable que una posibilidad de dejar que las cosas sucedan, de tanto en tanto, como tienen que suceder. A todos nos parece algo que, a lo sumo, se debe tolerar en pro de la regeneración; por lo demás, se equipara con "haraganería" y desvalimiento, y se considera característica de nuestros grupos sociales marginales. El ocio creativo es algo desconocido para nosotros.

¿Pero, acaso, no necesitamos también de nuestro aspecto pasivo, de nuestro lado receptivo? Recuerdo con toda claridad cómo me sentía después de haber terminado mi tesis. De pronto surgió la perspectiva de un trabajo y eso me obligó a completar la tesis dos meses antes de lo previsto. Me quedaron tres semanas libres antes de ocupar mi nuevo puesto. Me sentía como si hubiera cruzado a nado el Canal de la Mancha. Necesitaba mucho sueño; pero durante el día no podía hacer nada "inteligente". No me quedaba otra alternativa que pasar el tiempo leyendo cosas fáciles y entretenidas, con los pies en alto. La tensión fue cediendo poco a poco. Si bien, por ese entonces, aún no estaba en condiciones de disfrutar de la "calma que sigue a la tormenta", sabía lo que estaba necesitando.

Conozco a mucha gente que, en situaciones similares, se queja de depresión. Pero ¿es forzoso que un esfuerzo vaya seguido por opresión, angustia y hasta desesperación? Todos conocemos ese estado de agotamiento, de vacío momentáneo. Desde mi punto de vista, esa fase no sólo sirve para la regeneración, para reunir nuevas fuerzas, sino que nos brinda la oportunidad de reflexionar. Podemos meditar sobre lo sucedido, juguetear con las diversas posibilidades y aguardar, en paz, los efectos.

Cualquiera sea el esfuerzo que ha quedado atrás, ya se trate de una difícil separación del compañero de toda la vida, de un logro importante o del restablecimiento de un accidente sufrido, siempre necesitaremos un período posterior de paz y la posibilidad de superar lo vivido. Experimentamos la necesidad de hablar con alguien acerca de ello. Queremos sacárnoslo de la mente comentándolo, queremos elaborarlo. Para eso necesitamos de alguien que nos escuche de buen grado y así nos ayude a dar al suceso su justa medida.

La gente que vive con excesiva intensidad las exigencias culturales de actividad, rendimiento, productividad, suele dejar de lado esas fases de reflexión. En lugar de recibir los efectos ulteriores de una experiencia y de comentarlos con alguien muy próximo, se lanzan a la cacería del próximo evento.

¿Por qué suelen perder su valor los objetivos concretados, en el mismo momento en que uno toma posesión de ellos? Tengo la impresión de que, con frecuencia, nos conformamos con la superficie de las cosas. El nuevo automóvil conserva su resplandor hasta que lo compramos. El tan soñado viaje a la India "deja de ser real" dos semanas después de realizado. Los sentimientos contradictorios que surgen en nosotros cuando, por fin, somos dueños de algo muy codiciado o cuando por fin lo alcanzamos, más bien nos incitan a no seguir ocupándonos de eso. Por ejemplo, es posible que durante años hayamos soñado con terminar nuestros estudios secundarios, porque esperábamos vernos libres de las imposiciones escolares y paternales, y ser "grandes". Pero cuando, por fin, tenemos el título de bachiller en el bolsillo, comprobamos que, de pronto, estamos nuevamente al comienzo de algo, que volvemos a ser "pequeños" e inexpertos en el nuevo terreno. Una vez más necesitamos directivas y debemos adaptarnos a lo que se nos prescribe desde afuera. Alguien que ha ambicionado, durante mucho tiempo, tener un compañero y ha imaginado la vida en pareja como "el cielo en la tierra", deberá reconocer que la nueva relación no sólo brinda tibieza y abrigo; también impone exigencias que pueden hacer vacilar la dicha. Y así resulta que no podemos disfrutar de lo que, por fin, es nuestro y comenzamos a mirar en otra dirección.

Sólo se puede conservar aquello de lo cual uno realmente se ha apropiado, aquello que uno ha "digerido". Con frecuencia tengo la impresión de que lo que cierta gente hace o vive, sólo tiene "valor nutritivo" para el presente. Más de uno parece no advertir en qué momento se encuentra "satisfecho". También en lo que se refiere a contactos, una persona así se comporta como quien devora alimentos sin importarle otra cosa que el gusto y el disfrute momentáneos y parece no creer que exista la posibilidad de algo más. Quien se comporta así en materia de alimentación no debe sorprenderse si su peso va en aumento. Quien organice sus jornadas como una ininterrumpida sucesión de excitantes secuencias e interesantes encuentros, puede llegar a sorprenderse de la superficialidad de sus relaciones, sobre su creciente hartazgo, sobre su aburrimiento, su sensación de vacío y sus pesadillas. Puede ocurrir también que, de pronto, enferme seriamente y, de esa manera, una parte "más inteligente" de sí mismo lo obligue a quedarse quieto y a detener la marea de variados estímulos.

Esta forma de vida de consumo acelerado parecería ser una consecuencia del afán de autonomía, independencia y autodeterminación del individuo. Creemos manejarlo siempre todo... y nos creemos capaces de hacerlo. La necesidad de concentración que se presenta después de un gran esfuerzo o el deseo de tener cerca a una persona con la cual hemos mantenido un encuentro intenso, no están de acuerdo con nuestro concepto de total dominio sobre nosotros mismos.

Estar de acuerdo con uno mismo

Estar de acuerdo con uno mismo, conocer las propias fuerzas y evaluarlas con realismo, revisar las propias debilidades y errores... Todo eso parece muy necesario; pero ¿quién tiene una actitud semejante ante sí mismo? Y aquí llegamos al tema de la "autoestima" acerca del cual tanto se habla y se escribe. No sólo la bibliografía psicológica técnica trata este tópico, también lo hacen los libros de autoayuda. La primera declara las perturbaciones de la autoestima como enfermedad de nuestro tiempo y llenan tomos enteros con investigaciones de las causas; los segundos brindan consejos más o menos útiles para mejorar la autoestima. Para mí también, este tema es una nuez dura de roer. Una de las participantes de mis cursos me preguntó en una oportunidad: "¿Qué se debe hacer, cuando uno no tiene la sensación de ser una persona querible?" Y bien, "es un terreno muy amplio", como diría Theodor Fontane.

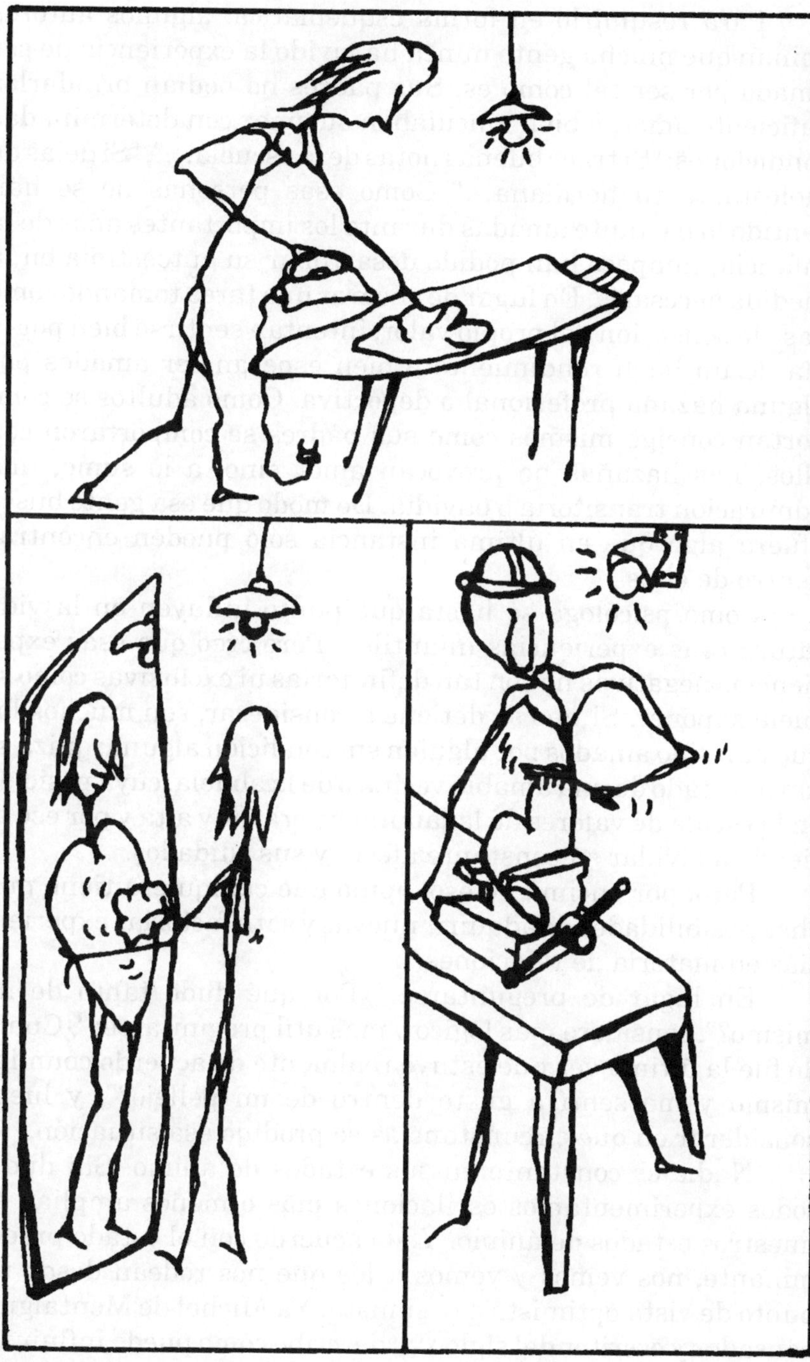

Para resumirlo en forma esquemática: algunos autores opinan que mucha gente nunca ha vivido la experiencia de ser amado por ser tal como es. Sus padres no podían brindarles suficiente amor, o bien vinculaban su amor con determinadas condiciones: "Si traes buenas notas de la escuela...", "Si dejas de molestar a tu hermana..." Como esas personas no se han sentido lo bastante amadas durante los importantes años de la infancia, tampoco han podido desarrollar su autoestima en la medida necesaria. En lugar de encarar una tarea tomando como base la sensación del propio valor, intentan sentirse bien por la vía de un buen rendimiento o bien esperan ser amados por alguna hazaña profesional o deportiva. Como adultos se comportan consigo mismos como sus padres se comportaron con ellos. Las hazañas no provocan amor sino, a lo sumo, una admiración transitoria o envidia. De modo que esa gente busca afuera algo que en última instancia sólo pueden encontrar dentro de ellos.

Como psicóloga sé hasta qué punto influyen en la vida futura esas experiencias infantiles. Pero creo que esas experiencias negativas no son tan definitorias ni exclusivas como se suele suponer. Si uno se detiene a considerar, son muchos los que han sido amados por alguien sin condición alguna; quizá se haya tratado de una amable vecina o de la abuela, cuya posición en la escala de valores de la familia no era muy alta y por eso se tiende a olvidar su constante afecto y sus cuidados.

Pero, por encima de eso, opino que cualquiera tiene muchas posibilidades de adquirir nuevas y satisfactorias experiencias en materia de relaciones.

En lugar de preguntarse "¿Por qué dudo tanto de mí mismo?", considero más lógico y más útil preguntarse: "¿Cuándo fue la última vez que estuve realmente de acuerdo conmigo mismo y me sentí a gusto dentro de mi pellejo?", y luego considerar en qué circunstancias se produjo esa situación.

Nadie es constante en sus estados de ánimo. Sin duda, todos experimentamos oscilaciones más o menos amplias en nuestros estados de ánimo. Y, de acuerdo con el estado predominante, nos vemos y vemos a los que nos rodean desde un punto de vista optimista o pesimista. Ya Michel de Montaigne, pensador y escritor del siglo XVI, describe cómo puede influir un punto de vista sobre nuestro juicio sobre nosotros mismos. En uno de sus *Ensayos* dice lo siguiente:

"No sólo me empuja el viento de las casualidades en su dirección, sino que además vacilo y me confundo yo mismo, porque estoy inseguro sobre mis pies. Y quien se observe bien comprobará que pocas veces se encuentra en el mismo estado de ánimo. Tan pronto doy a mi alma una fisonomía como otra, según hacia dónde me vuelva. Si digo cosas diferentes acerca de mí, es porque me veo de diferentes maneras. En mí se encuentran todas las contradicciones, según el ángulo desde el cual miro y según las circunstancias. Tímido y desvergonzado; casto y lascivo; conversador y silencioso; decidido y vacilante; inteligente y estúpido; solitario y sociable; mentiroso y veraz; sabio e ignorante; generoso y codicioso y pródigo, de todo eso hay algo en mí, según a quién me vuelva. Y quien se examine con atención, encontrará en sí, y hasta en los juicios que formule sobre sí mismo, esa inestabilidad y esos cambios. No puedo decir que haya en mí nada íntegro, unívoco y firme, que se pueda declarar de una vez y sin desconcierto. *Distinguo* es la primera y la última palabra de mi lógica."

De modo que nuestro punto de vista decide si estamos o no de acuerdo con nosotros mismos o si tenemos mucho que objetar. Y el punto de vista está muy vinculado con la posición que adoptamos con respecto a nosotros mismos. ¿Nos hemos habituado —no importa por qué motivo— a mirarnos desde el punto de vista de una madre siempre insatisfecha y rezongona o de un padre que nos aplica patrones inalcanzables? ¿O nos enfrentamos a nosotros mismos con buena voluntad y tolerancia, aunque sin perder la autocrítica?

Interesarse por la gente

"Al elegirte a ti mismo,
estás eligiendo a la gente."
Albert Ellis

La forma en que nos enfrentamos con nosotros mismos, el ángulo desde el cual nos observamos, los patrones que aplicamos para juzgarnos, determinan en forma decisiva la calidad de nuestras relaciones con los demás.

¿Es usted capaz de aceptarse como esa determinada persona en la que se ha convertido en el curso de su historia personal? ¿O le produce inquietud pensar en su pasado? ¿Se siente bien en su propia compañía, o procura apartar la atención de sí mismo? ¿Siente curiosidad ante el posible desarrollo de la relación con una persona interesante y simpática, o evita su proximidad por temor a que el otro descubra lo que usted "realmente" es?

Hace poco buscaba algo en mi escritorio, un escritorio que no usaba desde hacía mucho tiempo. Y encontré viejas cartas. Cada vez más fascinada por lo que descubría en ellas, olvidé lo que realmente buscaba. ¿Quién era ese antiguo "yo" al cual estaban dirigidas esas cartas? ¿Cómo era aquella relación? Yo creía guardar en la memoria una imagen completa de esa relación. Sin embargo, mientras leía advertí que se iba desarrollando un cuadro algo diferente. De pronto aparecían entrelíneas que, por lo visto, en aquel entonces yo no había advertido. Si bien es cierto que de la lectura surgía una mezcla de sentimientos —un poco de tristeza, pero también alegría ante mi ingenua locura, arrepentimiento, sensación de tibieza—, al final pude decirme: "Mira: de modo que también fuiste eso y esa relación es un trozo de tu historia".

Ahora quisiera estimular al lector a que emprenda un viaje de descubrimientos por su propio interior. ¿Qué sabe, en realidad, sobre usted misma, sobre usted mismo? ¿Es posible que sepa demasiado poco? Me gustaría que se tomara muy a pecho el ejercicio que sigue. Para estas tareas búsquese un borrador, un cuaderno bonito, algo que le guste tener entre las manos. Alojar dentro de un marco grato los pensamientos propios guarda relación con la importancia que uno concede a su propia producción. Por otra parte, más adelante será importante para usted releer lo que hoy haya escrito.

Ejercicio:

Tómese su tiempo. Relájese. Deje afuera, fuera de esa habitación en la que usted se encuentra a solas, todo lo que lo había estado ocupando hasta ahora. Cierre los ojos, por un momento, e inspire y espire prestando atención a la regularidad de esos movimientos respiratorios. Luego escriba qué tipo de persona es usted. Haga de cuenta que está procurando transmitir a un amigo o a una amiga una imagen lo más clara posible de alguien a quien usted estima y conoce bien.

Empiece, tranquilamente, con la descripción de sus características exteriores: cuánto mide, cuánto pesa, qué aspecto tiene, cómo le gusta vestirse. Una vez que comience a escribir con naturalidad, anote lo que se le ocurra. Y no deje de pensar que usted es una persona interesante. En el curso de su vida ha ido descubriendo sus habilidades y cualidades, ha desarrollado determinados intereses y ha ido forjando sus propias escalas de valores. ¿Qué le importa realmente en la vida? ¿Qué le gusta y qué no puede soportar? ¿Qué le gusta de su trabajo y cómo emplea su tiempo libre? ¿Qué sucesos o qué encuentros han ejercido influencia sobre su vida?

No es necesario que responda a estas preguntas como si se tratara de un cuestionario fijo, cuando emprenda su viaje de descubrimiento. Sólo pretenden servir de orientación. Siga su propia inspiración. Estoy segura de que encontrará muchas cosas y experimentará más de una sorpresa. Quizá le ocurra lo que a muchos miembros de mis cursos, que a partir de esta tarea se decidieron a llevar, de vez en cuando, un diario.

Cuando hubo que comentar la tarea en el curso, Karla —una mujer de 47 años, divorciada, madre de familia y consagrada a las tareas del hogar— dijo, en tono de disculpa, que ella sólo había tomado un par de notas. No era mucho lo que tenía que decir sobre sí misma. Luego habló, por espacio de media hora, de su vida privada, muy especial, por cierto. Había estudiado arquitectura y había ejercido su profesión por un tiempo, luego se había casado. Al llegar los hijos se había visto obligada a abandonar su profesión, para dedicarse a la familia y a la casa. Tocaba el piano y le divertía encargarse de pequeñas reparaciones en su casa. Desde que los hijos no requerían tanto su atención, trabajaba medio día en un geriátrico diurno, en donde era el "comodín". Le agradaba el trato con los ancianos y en la institución se valoraba mucho su espíritu ejecutivo. Le interesaba la pintura y se había especializado en acuarela. Cuando dejó de interesarle la pintura a solas, organizó cursos y comenzó a dictar clases —aunque sólo de vez en cuando— a amigos o vecinos interesados en la acuarela.

Cuando terminó, nos quedamos mudos. Estábamos perplejos. Ella fue la más sorprendida cuando comprobó todo lo que había salido a relucir con sólo unas pocas preguntas por parte del grupo. Porque la mayoría de las cosas habían sido para ella algo común y corriente, no digno de ser mencionado.

3

Coraje para establecer contacto

Además de estar, en general, de acuerdo consigo mismo, el coraje para acercarse a otros es uno de los requisitos importantes para el flirteo.

Siempre nos sentimos valientes cuando hacemos algo que, en realidad, nos inspira temor. Demostramos coraje cuando nos exponemos a un peligro, cuando nos jugamos, nos arriesgamos por algo cuyo desenlace es incierto.

Por ejemplo, a mí me resulta relativamente fácil hablar libremente en mis cursos, ante un grupo de quince personas a las que conozco. Pero cuando debo pronunciar una conferencia ante un público desconocido, debo reunir todo mi coraje.

Necesitamos coraje para ampliar nuestro espacio de movimiento. Necesitamos coraje la primera vez que entramos al agua para aprender a nadar, necesitamos coraje para nuestro primer día de escuela y para nuestra primera cita.

Considero que vale la pena investigar, de vez en cuando, la evolución del sentido de una palabra. El significado predominante de "valor, audacia" que actualmente tiene la palabra "coraje", se desarrolla sólo a partir del siglo XVI. Originariamente se utilizaba para reacciones instintivas, con frecuencia ligadas a la "ira".

Esta vinculación con impulsos fuertes —hoy hablamos de motivaciones— se encuentra también si rastreamos su origen hasta las raíces. La palabra alemana *Mut* proviene del término griego *mosthai* (aspirar, reclamar, desear) y del latín *mos* (uso, costumbre, hábito y voluntad, emparentada con ellas). En el idioma alemán ya casi desarrollado como idioma culto, *Tapfer* (valiente) significa "firme, recio; sólido, de peso; importante, significativo, respetable" y "discutible".

Esta pequeña digresión nos demuestra, de pronto, que el coraje exige una medida de aspiración. Sólo reunimos coraje cuando deseamos con intensidad tener o lograr algo. ¿Recuerda usted las sensaciones que experimentaba en la escuela, cuando había memorizado, con gran esfuerzo, un poema y tenía ganas de recitarlo pero vacilaba en levantar la mano? Los latidos del corazón se aceleraban, se le humedecían las palmas de las manos y experimentaba una extraña sensación en la boca del estómago. ¿No se parecen a las sensaciones que experimenta en una reunión social ante una mujer atractiva o un hombre simpático, cuando piensa: "¿Me acerco o no a ella o a él?"?

Hace poco escuché a un colega que hablaba, por radio, acerca de la timidez. Señalaba que mucha gente considera su timidez como una característica nata e irreversible. Y estuve en un todo de acuerdo con él cuando afirmó que la capacidad de establecer contacto con otros es una cuestión de ejercicio.

La timidez no es un destino ineludible; tiene sus causas. Por lo general se basa en experiencias anteriores. Sin duda hay una diferencia entre el niño que es estimulado por otras personas a dar sus primeros pasos y el que es detenido cuando lo intenta. Hay padres y madres que educan a sus hijos para la timidez, quizá porque son celosos y no quieren compartir la atención de su hijo con otros o porque temen que "siga a cualquiera", si no frenan su confiado afán por establecer contactos. Una amiga me contaba, en cambio, lo mucho que la alegraba el observar que su hijita estaba comenzando a entablar conversación con las visitas. Ella lo veía como un proceso favorable y yo opino que la pequeña tiene muchas posibilidades de desarrollar su propia forma de "contactar".

Pero ¿acaso nuestra capacidad de aprender sólo existe hasta una determinada edad? Todos podemos desarrollarnos si estamos dispuestos a aprender algo más. En la profesión o cuando descubrimos un nuevo hobby, lo damos por sentado.

Si usted se ha criado junto a padres sobreprotectores que, con las mejores intenciones, le impidieron conocer a otra gente o si en su infancia sufrió una prolongada enfermedad que lo privó de jugar con otros niños, es triste y las oportunidades

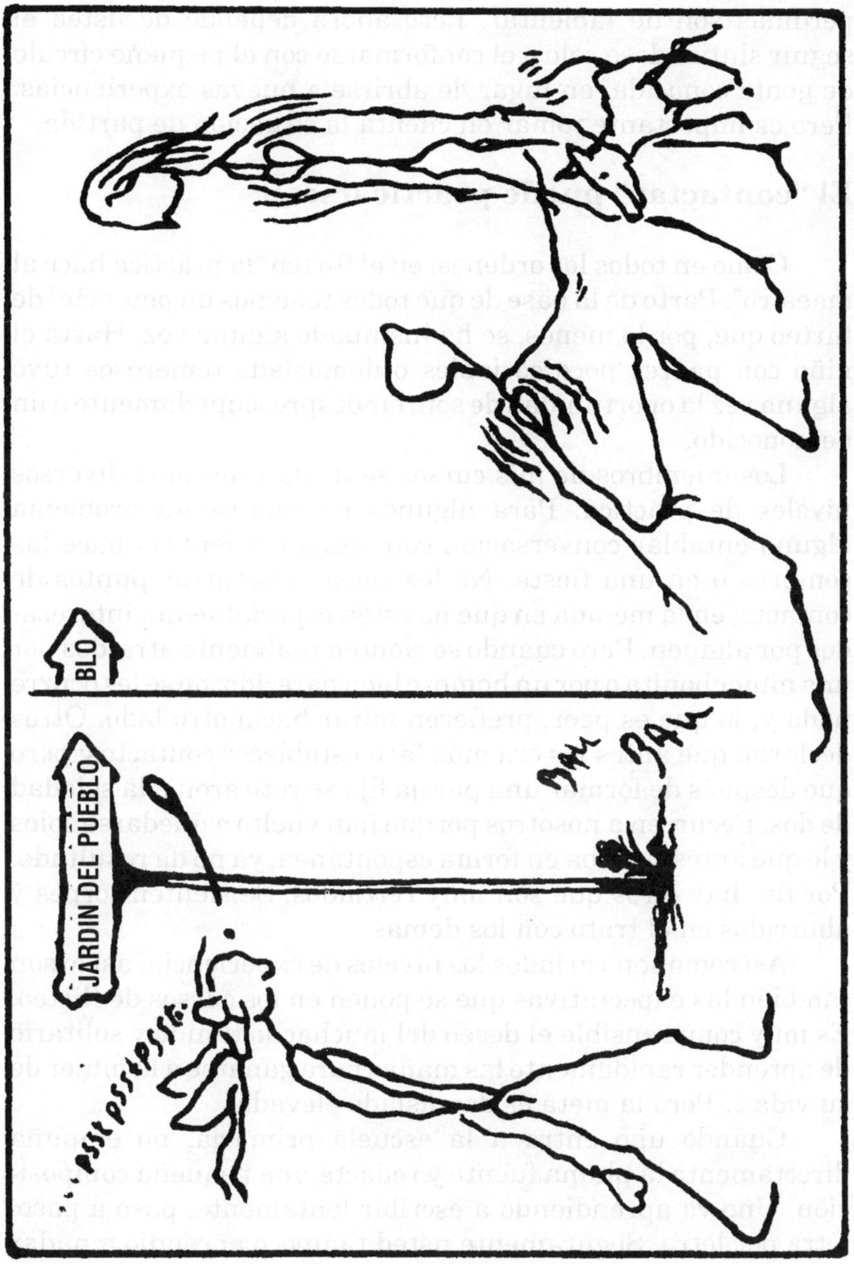
JARDIN DEL PUEBLO
BLO
BAU BAU
...PSST PSST PSST

perdidas son de lamentar. Pero ahora depende de usted el seguir sintiéndose solo o el conformarse con el pequeño círculo de gente conocida, en lugar de abrirse a nuevas experiencias. Pero es importante tomar en cuenta la situación de partida.

El "contactar" puede practicarse

Como en todos los órdenes, en el flirteo "la práctica hace al maestro". Parto de la base de que todos tenemos un potencial de flirteo que, por lo menos, se ha insinuado alguna vez. Hasta el niño con padres poco sociables o demasiado temerosos tuvo alguna vez la oportunidad de sonreír despreocupadamente a un desconocido.

Los miembros de mis cursos se inician con muy diversos niveles de práctica. Para algunos no representa problema alguno entablar conversación con alguien mientras hace las compras o en una fiesta. No les cuesta encontrar puntos de contacto, en la medida en que no estén especialmente interesados por alguien. Pero cuando se sienten realmente atraídos por una mujer bonita o por un hombre bien parecido, no se les ocurre nada y, lo que es peor, prefieren mirar hacia otro lado. Otros declaran que antes les era más fácil establecer contactos; pero que después de formar una pareja fija se retiraron a la soledad de dos. Recurren a nosotros porque han vuelto a quedarse solos y lo que antes se daba en forma espontánea, ya no da resultado. Por fin, hay otros que son muy retraídos. Se sienten torpes y aburridos en el trato con los demás.

Así como son variados los niveles de experiencia, así lo son también las expectativas que se ponen en los cursos de flirteo. Es muy comprensible el deseo del muchacho tímido y solitario de aprender rápidamente las mañas para ganarse a la mujer de su vida... Pero la meta es demasiado elevada.

Cuando uno entra a la escuela primaria, no empuña directamente la pluma fuente y redacta una pequeña composición. Uno va aprendiendo a escribir lentamente, paso a paso, letra por letra. Seguramente usted tampoco aprendió a nadar en el primer intento —salvo que, durante sus primeros meses de vida, lo hayan llevado a una profesora especializada—; lo más probable es que se haya metido al agua con un salvavidas y haya practicado en la parte menos profunda, bajo la vigilancia de su padre.

Recomiendo a los participantes de mis cursos y también a mis lectores, que comiencen por practicar en "la parte menos profunda". No se exigen hazañas de entrada. El papel de conocedor de las mujeres o el de *femme fatale* que enloquece a los hombres, resérvelo para alguna ocasión en el futuro, cuando se haya asegurado de sus habilidades para el flirteo. Dicho sea de paso, considerado como experimento para los alumnos más avanzados, convendría que ensaye ese papel por lo menos una vez. Puede ser que se entere de muchas cosas acerca de usted mismo. Pero al comienzo, trátese con prudencia, con consideración. Si colocamos nuestra meta muy arriba, el peligro de fracasar es mayor que si apenas avanzamos un paso más allá de lo que ya sabemos bien. El éxito nos brindará seguridad y nos estimulará a seguir adelante.

Ejercicio:

Establezca contacto con otras personas cada vez que se le presente la oportunidad y dentro del marco de sus posibilidades momentáneas.

Cuando vaya a comprar el pan, dirija alguna frasecita amable a la vendedora. En la fila de espera del correo, por ejemplo, entable conversación con quien esté parado delante o detrás de usted. Al comienzo, renuncie al contacto con ciertas personas, cuando la sola idea de abordarlas lo ponga nervioso.

Practique el ejercicio, aunque ya domine esa etapa sin ayuda. Pero preste atención a la forma en que lo hace. Y, sobre todo, observe cómo se siente después. ¿Ha dejado alguna huella en usted esa breve charla? Si no es así, quiere decir que sus sentidos no se han agudizado aún para los efectos ulteriores de esos pequeños encuentros o que se ha movido por las vías formales acostumbradas. Avance un paso más allá de las breves palabras que se intercambian durante las compras. La cajera también es un ser humano con una historia muy suya. A veces se aburre con la rutina de su jornada o sufre de estrés. Al cabo de un largo sábado, emitirá un suspiro si usted le comenta con aire comprensivo: "¡Qué día el de hoy! ¿no?". Porque con esas palabras usted se está dirigiendo a la persona que está por detrás de la función. Es muy probable que ella devuelva amabilidad por amabilidad. Sin duda no es gran cosa. Pero, de esa manera usted se ha hecho a sí mismo y ha hecho a esa mujer un minúsculo regalo.

Un participante de uno de los cursos nos hizo el relato de su viaje a una ciudad del extranjero, en donde había asistido a un congreso. Alertado por nuestras enseñanzas, advirtió la posibilidad de establecer contacto con alguien a quien antes habría eludido. No conocía la ciudad y, en lugar de estudiar el mapa, como era habitual, se acercó a una señora y le pidió que le explicara el camino. Por casualidad, ella también asistía al congreso y en el transcurso de las sesiones trabaron amistad. El había comprendido, de pronto, que estaba habituado a hacer todo solo y ni siquiera se le pasaba por la cabeza que los demás estuvieran dispuestos a ayudarlo.

¿Es realmente demasiado pedir que alguien acceda a prestarnos una pequeña ayuda si se la solicitamos de ser humano a ser humano? Lo que uno pretende no es su dinero ni ligarlo a nuestros planes por el resto de sus días.

Yo viajo con gran frecuencia en tranvía y observo una situación típica que, sin embargo, siempre se desarrolla de distinta manera. Las madres con un bebé en cochecito siempre dependen de la ayuda ajena cuando viajan solas. Todo el mundo lo sabe y, en última instancia, el conductor será el responsable de ayudarla a subir o a bajar. Lo cierto es que siempre es una minoría la que ofrece sus servicios. Es probable que usted también haya preferido mantenerse un poco apartado cuando ve una señora con un cochecito en la parada. ¿De dónde proviene esa sensación de malestar que luego nos acomete? En primer lugar, es una situación imprevista que perturba nuestra rutina de viaje. Si nosotros mismos no vamos demasiado cargados, es sólo un pequeño esfuerzo ayudar a la señora a levantar el cochecito hasta el tranvía... dejando de lado el hecho de que, en algunos modelos de cochecito uno no sabe por dónde agarrar. En segundo lugar, a uno le gustaría que su ayuda sea solicitada. Hay madres que solucionan el asunto con gran encanto. Con anticipación toman contacto visual con uno de los que esperan y le ruegan —a él o a ella—, con su mejor sonrisa, que las ayude. Uno se siente gratamente impresionado por el pedido y experimenta la gozosa sensación de tener algo que brindar. A veces surge un breve diálogo, uno sonríe al bebé, la madre agradece y se produce la separación. Este pequeño suceso debería dejar en ambos una sensación grata. Lamentablemente, son muy pocos los que aprovechan esta situación para una amable toma de contacto. Con frecuencia observo cómo una señora se encamina decidida, con su carrito, a la puerta del tranvía. Su expresión es desafiante, como si quisiera decir: "Aquí estoy yo y ahora les toca el turno a ustedes". Si nadie se da por aludido ante el mudo desafío, por lo general, sigue un "¿Alguien me puede ayudar?", en un tono más o menos cargado de reproche. En la mayoría de los casos salta alguien con una prisa delatora de culpa y presta el servicio. Y, con frecuencia, el voluntario no recibe ni las gracias.

En general es más agradable ponerse en contacto con el medio, que moverse como un extraño entre extraños. Más de una vez, una intrascendente conversación con un desconocido nos ayuda a salvar una situación difícil.

En una ocasión viajaba yo a una ciudad vecina, en tren, para rendir un importante examen. Precavida como soy, había tomado el tren con tiempo necesario como para que me restara una hora para cualquier inconveniente no calculado. Era invierno, y había que contar con atrasos. A mitad de camino, el tren se detuvo. Al principio me quedé tranquila y seguí enfrascada en mi lectura. Pero transcurridos cuarenta minutos, comencé a inquietarme. Miré en derredor en busca de alguien con quien compartir mis preocupaciones. La pareja sentada frente a mí estaba sumida en un íntimo diálogo en polaco. Me puse de pie y comencé a recorrer los vagones. En una plataforma encontré a una joven y le pregunté si sabía lo que estaba ocurriendo. Me respondió que, según lo que había oído, unas ramas habían dañado unos cables importantes. Comenzamos a charlar y yo le conté lo de mi horario de examen. Conmovida, arguyó que esa era una razón de fuerza mayor y que, sin duda, los funcionarios del ferrocarril estarían dispuestos a extenderme un certificado que me sirviera de justificativo. Seguimos dialogando un rato. Aunque mi problema seguía en pie, el poder comentarlo me alivió mucho.

Obstáculos en el camino hacia el otro

¿Qué nos impide, en realidad, abordar a otras personas? ¿Por qué se requiere tanto coraje para dar el primer paso? Con frecuencia son nuestras propias ideas las que nos inhiben: "¡Cómo voy a hablar con un desconocido!"... "Puede creer que pretendo algo en especial." No es sólo el miedo al rechazo —sobre el cual hablaré luego con más detenimiento—; también es la vergüenza de pasar por tonto si se formula una pregunta simple e ingenua o un comentario intrascendente. Solemos temer que se nos tome por pueriles cuando actuamos sin recelos y confiados en una reacción favorable. Nos avergonzaría realmente, es decir, lastimaría nuestro amor propio, si alguien respondiera a un respetuoso y amable intento de acercamiento de nuestra parte, midiéndonos de pies a cabeza con una arrogante mirada y formulando una observación como, por ejemplo: "¡Cómo se le ocurre hablarme así, simplemente al pasar! ¡Pedazo de idiota!". Pero yo diría que semejante reacción es muy rara. Y aunque mi ejemplo haya pecado de exageración, puede suceder que no lleguemos a alguien. Depende de nosotros el que eso nos ofenda o no. Cualquiera sea la razón que haya inspirado el comportamiento del otro, en el fondo, el "idiota" es él, pues ha dejado pasar la oportunidad que le brindamos para establecer un amable diálogo.

Aquel que ve el mundo sólo como un lugar para defender sus intereses, considerará cualquier bien intencionado intento de establecer un contacto "que no produzca ningún beneficio material" como una estupidez. A mi juicio, ese punto de vista es muy limitado, porque excluye muchas posibilidades de ganar, sin gran esfuerzo, pequeños momentos luminosos y una agradable sensación.

En efecto, debemos volver a mirar la realidad que nos rodea a través de los ojos de un niño, para poder establecer contacto con otros sin prejuicios. Un niño vive el instante; aquí y ahora se dan todas las posibilidades de experimentar algo nuevo, excitante e interesante. En cambio, la realidad nos parecerá sosa y vacía si nos encontramos en un estado de "ya lo sé, conozco eso, ya estuve allí".

Hasta el ejecutivo lleno de ocupaciones tiene —en su

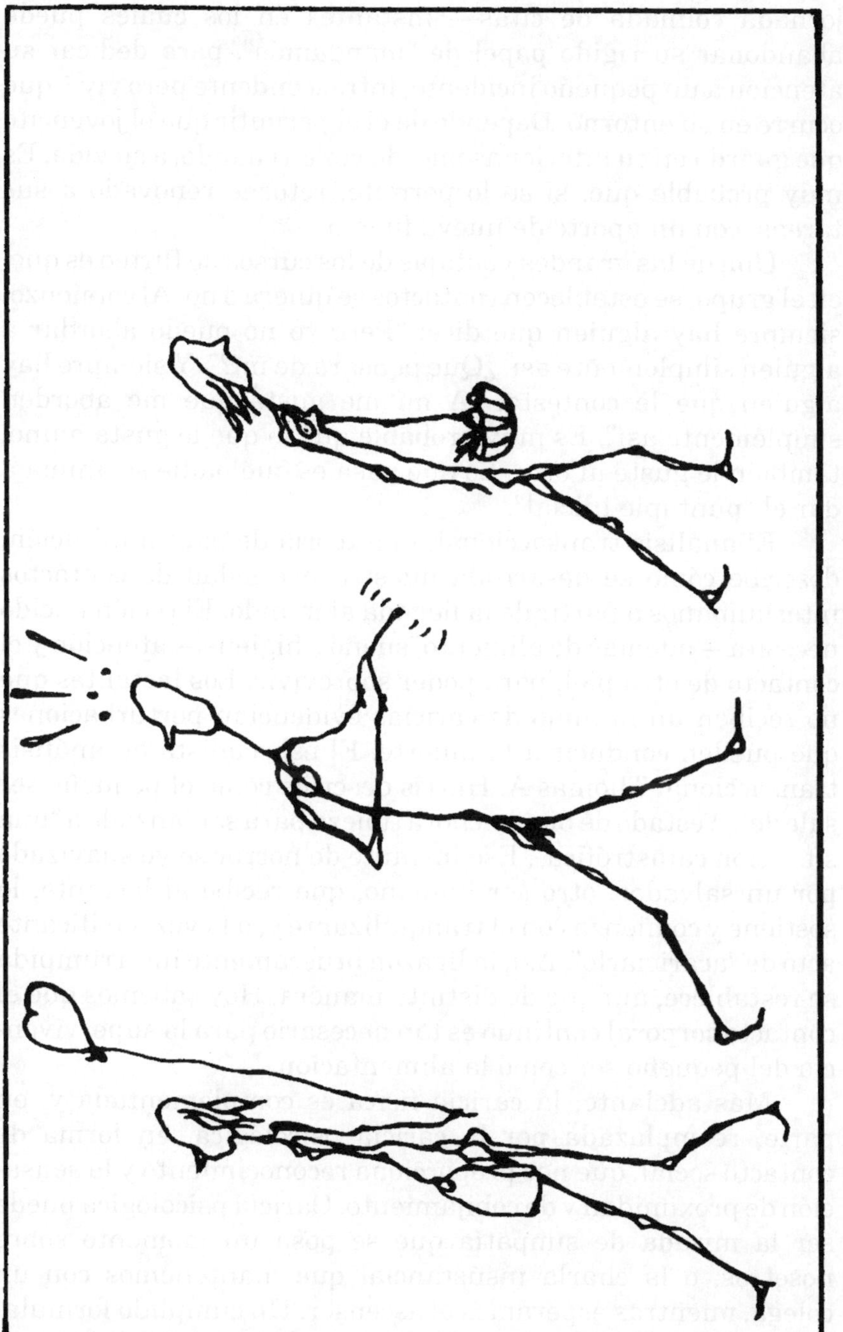

jornada colmada de citas— instantes en los cuales puede abandonar su rígido papel de "mandamás", para dedicar su atención a un pequeño incidente, intrascendente pero vivo, que ocurre en su entorno. Depende de él el permitir que el jovencito que guarda en su interior asome, de vez en cuando, a su vida. Es muy probable que, si se lo permite, retorne renovado a sus tareas, con un aporte de nueva fuerza.

Una de las grandes ventajas de los cursos de flirteo es que, en el grupo, se establecen contactos se quiera o no. Al comienzo, siempre hay alguien que dice: "Pero yo no puedo abordar a alguien simplemente así. ¿Qué pensará de mí?". Y siempre hay alguien que le contesta: "A mí me gusta que me aborden simplemente así". Es muy probable que lo que le gusta a uno, también le guste al otro. Lo que pasa es que nadie se anima a dar el "puntapié inicial".

El análisis transaccional, una teoría de la comunicación, describe cómo se desarrolla nuestra necesidad de contactos interhumanos a partir de la llegada al mundo. El recién nacido necesita —además de alimento, sueño e higiene— atención y el contacto de otra piel, para poder sobrevivir. Los lactantes que no reciben un mínimo de caricias evidencian perturbaciones que pueden conducir a la muerte. El especialista en análisis transaccional Thomas A. Harris describe cómo el pequeño ser sale de un estado de bienhechora tibieza para ser lanzado a "una situación catastrófica". Ese instante de horror se ve suavizado por un salvador, otro ser humano, que recibe al lactante, lo sostiene y comienza con el tranquilizante y, a la vez, vivificante acto de "acariciarlo". Así, la ligazón bruscamente interrumpida se restablece, aunque de distinta manera. Hoy sabemos que el contacto corporal continuo es tan necesario para la supervivencia del pequeño ser como la alimentación.

Más adelante, la caricia física es complementada y, en parte, reemplazada por la caricia psicológica, en forma de contacto social, que nos proporciona reconocimiento y la sensación de proximidad y de cobijamiento. Caricia psicológica puede ser la mirada de simpatía que se posa un momento sobre nosotros, o la charla insustancial que mantenemos con un colega, mientras esperamos el ascensor. Un cumplido formulado con seriedad por alguien es asimismo una caricia psicológica.

¿Es usted capaz de aceptar que alguien le diga: "¡Cómo te sienta ese vestido!", o rechaza el cumplido? Conozco mujeres que replican, sin vacilación: "Hace años que lo tengo" o "Es baratísimo". Son pocas las que pueden manifestar su placer a través de una sonrisa y un simple "Gracias".

Por supuesto, el contacto físico con un ser querido es mucho más satisfactorio que, por ejemplo, la felicitación de nuestro jefe por un trabajo bien realizado e, incluso, que el flirteo. Pero no podemos ni queremos permanecer unidos en estrecho abrazo con nuestros seres más queridos. Tenemos que ganar nuestro pan de cada día, ocuparnos de la casa y de los hijos, y a veces se nos ocurre pasear en bicicleta. Cualquiera sea el lugar que ocupamos en la vida —ya sea presidiendo una clase de niños de seis años o trabajando en un taller de automotores—, son muchas las veces que debemos tomar una decisión por cuenta propia y actuar en forma independiente. Y para eso hay que tener las manos libres. Siempre hay dos fuerzas activas en nosotros: por un lado, la que tiende a la independencia y la otra que anhela afecto, simpatía y proximidad. Por esta tensión, por este conflicto, nos vemos obligados a encontrar, permanentemente, nuevas soluciones que se revelan en lo que hacemos en nuestra existencia cotidiana. Cuando nos vemos obligados a luchar solos en un asunto importante, una conversación amable en un intervalo de la actividad puede calmar, transitoriamente, nuestro deseo de simpatía humana.

Amy Bjork Harris y Thomas A. Harris opinan que "todo aquel que entra a un salón colmado de gente, que llega a una conferencia, que entra a un convento, se lanza a un combate callejero entre dos bandas juveniles, llega a una reunión junto a una pileta de natación o emprende un viaje a la luna, tiene en la cabeza la pregunta, la pregunta primigenia: '¿De dónde se extrae aquí una unidad de caricia?'. Es tan fundamental como el pecho de la madre o el 'Mira, mamá, puedo andar sin usar las manos'." Una sola persona no puede satisfacer por completo nuestras necesidades de contacto social. Nadie está permanentemente a nuestra disposición y nadie es tan idéntico a nosotros como para comprendernos a la perfección.

Desarrollar el ámbito de relaciones significa establecer relaciones con muchas personas distintas y a diferente distancia. Mientras que con la persona a la cual nos sentimos más próximos, con la cual compartimos cosas esenciales, nos podemos mostrar con nuestros defectos y nuestras pequeñas manías, con nuestros amigos más antiguos sólo compartimos, quizás, el recuerdo de los años escolares y de nuestros primeros pasos como adultos. Con otros podemos tener sólo un hobby en común. En los cursos de gimnasia, por ejemplo, nos sentimos bien los unos con los otros; pero quizá no tenemos intereses en común. O en nuestro lugar de trabajo podemos encontrar a unas cuantas personas con las cuales nos entendemos muy bien en un plano personal.

Poder flirtear, tal como yo lo entiendo, nos permite, estemos donde estemos, establecer contacto con otros de una manera juguetona. Más de un flirteo no pasa de ser una experiencia única. Pero, justamente porque el flirteo no pretende ser más que el juego de un instante, lleva en sí el potencial de prolongarse en otras formas muy diferentes de relación. Al decidirse a desarrollar sus capacidades de flirteo, usted estará desarrollando sus capacidades para establecer contactos, en general. De esa manera, se conocerá mejor usted mismo y conocerá mejor a otros; eso le abrirá insospechadas posibilidades de relación.

Pero no vaya a creer que tiene que empezar de cero y aprender de nuevo. Después de todo usted es un ser social y, como tal, ya ha hecho amistades y ha vivido relaciones amorosas más o menos duraderas. Toda amistad, toda relación, comenzó en algún momento y en algún lugar. Se hayan desarrollado como se hayan desarrollado esas relaciones —ya se hayan solidificado a través de una cauta y lenta aproximación hasta convertirse en una amistad o en una relación de pareja basada en experiencias comunes, ya haya constituido uno de esos rayos que caen en nuestra vida para hacerla pasar por una dramática serie de alturas y abismos— al comienzo se encontró ante un ser desconocido, con el cual luego se puso en contacto. Todo eso significa que disponemos de un tesoro de experiencias para acercarnos a la gente. Es preciso guardar ese tesoro. Con frecuencia, no somos conscientes de esas reservas, como le ocurría a Achim, un asistente social de 30 años, que ingresó al curso después de su divorcio. Cuando se le preguntó cómo había conocido a su ex esposa, respondió que no lo recordaba. Por lo visto había caído del cielo a sus brazos.

Aunque una amistad o relación termine alguna vez, lo bueno que compartimos con el otro no se pierde repentinamente. Siempre hubo algo que, al comienzo, atrajo a ambas partes mutuamente y algo en nosotros que interesaba al otro. Descubrimos cosas en común, compartimos experiencias, esperanzas y sueños de futuro. Las relaciones, como todo en la vida, tienen muchos planos, porque nosotros somos seres complejos. Una relación no puede haber sido nunca un completo error, sólo porque, en algún momento, nos decidimos a terminar con ella. Aunque nos hayan decepcionado y abandonado eso no significa que en algún momento no haya habido algo vivo entre nosotros.

Ejercicio:

Tómese nuevamente tiempo y tranquilidad, y recuerde las situaciones en que conoció a las personas que fueron importantes para usted. Escriba cómo comenzaron sus relaciones amorosas y sus amistades.

4

El flirteo como juego conjunto

Como al pasar, me detendré en el flirteo en su sentido más estricto, en el excitante encuentro entre un hombre y una mujer, con su suspenso y su matiz erótico. A pesar de que ya hace buen tiempo que me ocupo del flirteo, que observo con detenimiento lo que ocurre entre dos personas; a pesar de haber meditado y leído mucho sobre el tema y, sobre todo, de haber hablado con muchos hombre y mujeres acerca de él, el concepto sigue teniendo para mí algo de vago, de difuso y hasta misterioso.

Es posible que eso se deba a su proximidad con el tema del "amor", al cual se han dedicado filósofos, psicólogos, sociólogos y médicos, desde sus diferentes puntos de vista, sin haber logrado sondear sus profundidades. Por algo ofrece material siempre nuevo a los poetas y novelistas para sus creaciones. La causa parece residir en ese carácter enigmático que se resiste a cualquier intento de explicación. Quizás eso sea conveniente; porque los enigmas resueltos ya no nos conmueven. Uno puede acercarse al amor con los instrumentos científicos más elaborados, para descubrir, de una vez por todas, en qué condiciones surge, qué favorece su crecimiento y cómo puede evitarse que se marchite. Es inútil: se retrae y continúa siendo lo que es: un milagro que se produce entre dos seres humanos. Esperemos llegar a experimentarlo o, por lo menos, tratar de aproximarnos a su comprensión.

El amor puede caer sobre nosotros como un rayo o penetrar en nuestro corazón de manera imperceptible, lentamente, en silencio, en secreto. Si nos abrimos a él, nuestra bien ordenada existencia se altera, perdemos la paz y la serenidad. Nos rejuvenecemos, nos renovamos; nos vemos elevados a las cumbres de la dicha o arrastrados a los abismos de la desesperación. Bajo la influencia del amor somos capaces de transformarnos en una medida que antes no habríamos considerado posible. Revitalizados y enriquecidos por esa fuente de vida, somos capaces de renunciar, de buena gana, a lo que antes considerábamos más necesario.

Por eso no es de sorprender que muchas personas se embarquen, llenas de vacilaciones, en algo tan caprichoso; o bien que procuren eludirlo o investigarlo a la distancia.

Entablar una relación amorosa acarrea serias consecuencias. El proceso es largo y complicado, cuando dos personas que ya han organizado su vida como solteros deciden formar una pareja. Porque una vez calmada esa tormenta inicial, los dos se enfrentan con problemas concretos para los que deben encontrar soluciones en común. ¿Nos instalaremos en mi casa, en la tuya o buscaremos una vivienda más grande? ¿Quién se hará cargo de los ingresos y quién de las tareas domésticas? ¿Cómo nos arreglaremos con el dinero, en general? ¿Tendremos hijos? ¿Nos casaremos o no? ¿Hacen falta dos refrigeradores? ¿Quién renuncia al suyo? ¿Nos surtiremos en un almacén de productos macrobióticos o en un supermercado? ¿Vamos al teatro o jugamos squash?

De pronto uno advierte que al vivir solo uno ha adoptado costumbres que ahora molestan al otro: mirar televisión durante el desayuno no es para todo el mundo; tampoco lo es el espectáculo de las prendas desparramadas sobre la cama y en el suelo, como consecuencia de la indecisión matinal.

¿Qué lugar pasan a ocupar los amigos en su escala de valores? Quizás estén habituados a que usted acepte de buen grado una visita al pasar, o una invitación de último momento al cine. Y de pronto eso le resulta incómodo.

Y no hablemos de las consecuencias y problemas que se presentan cuando uno de los dos está aún ligado a otra pareja o ambos ya habían formado una familia.

El flirteo, como juego de amor, excluye esas consecuencias que alteran la vida. En él podemos vivir experiencias estimulantes y llenas de tensión, pero en pequeñas dosis, que no derivarán en situaciones que nos obliguen a cambios. Por eso, en el juego se puede entrar y salir con facilidad, arriesgarnos a ser un poco más “frescos”, divertidos, agresivos y osados que de costumbre. En tanto ambos jugadores sepan que “la cosa no va en serio”, que nadie va a tomar al pie de la letra lo que digamos o lo que insinuemos, podemos adoptar por una vez un papel diferente y sacar a relucir un aspecto distinto de nuestra personalidad. Sólo por diversión podemos tontear con nuestro interlocutor, como si fuéramos niños, o tentarlo a que siga nuestra huella. En el tenso va y viene de aproximación y toma de distancia, se puede probar —sin peligro— hasta qué punto nos podemos acercar a alguien y cuánto podemos retirarnos sin interrumpir el juego.

El flirteo desde el punto de vista psicológico

¿Qué nos puede decir la psicología acerca del flirteo? Porque corrientemente se supone que la psicología se ocupa, en primer lugar, de los problemas de la personalidad del individuo y del cómo y por qué se distingue de otros en su manera de actuar y de vivenciar. En nuestra vida cotidiana vemos al psicólogo, más que nada, en la función de “quincallero mental”, a quien recurrimos cuando no nos sentimos en orden y experimentamos una perturbación de alguna naturaleza. ¿Qué clase de “perturbaciones” son esas que se pueden mejorar con un asesoramiento psicológico?

La gente que, tras mucho vacilar, se decide por fin a consultar a un psicólogo o a un psicoterapeuta, se queja de una profunda tristeza, de desdicha —hoy se habla con mucha ligereza de “depresión”—, de una permanente insatisfacción, de la sensación de no valer nada y de angustia. La vida les parece monótona y gris, ya nada les alegra y, sobre todo, parecen no existir perspectivas de que ese estado se modifique. Esos sentimientos suelen manifestarse como insomnio, adicciones y enfermedades psicosomáticas. Vistas de cerca, se comprueba que las perturbaciones que exigen el asesoramiento psicológico, son perturbaciones en el terreno de las relaciones, de las relaciones del individuo consigo mismo y con los demás.

La gente que acude a consultarme dista mucho de estar “chiflada”, aunque eso ocurra de tanto en tanto. Lo que sucede es que se han detenido en un punto, sólo han encontrado una posibilidad de solución para un problema general.

María, una atractiva mujer de poco más de treinta años, me consultó porque temía "volverse loca", es decir, hacer cosas que, en realidad, no quería hacer. Ya le había ocurrido una vez, al descubrir que su marido tenía una amante. Fuera de sí, había concurrido a la tienda en donde esa mujer trabajaba como vendedora, la había insultado y había tirado al suelo los percheros. A continuación, se había sometido —voluntariamente— a tratamiento en una clínica psiquiátrica. Había demostrado a su marido que lo necesitaba y él había vuelto. Pero ahora se había separado definitivamente de ella. Creía no poder seguir viviendo sin él. Lo había conocido a los quince años. Poco después se habían ido a vivir juntos y hasta se habían casado. Desde el comienzo, esa relación fue todo para ella. Había adquirido un oficio, pero sólo para "ayudar". El no la complacía en lo más mínimo. Ella, por su parte, casi no tenía intereses propios. De tanto en tanto se encontraba con unas amigas, pero sólo cuando su marido trabajaba o practicaba su hobby. Los encuentros estaban destinados exclusivamente a llenar el tiempo; por lo demás, no le brindaban nada. En realidad, cuando mejor se sentía era cuando su marido estaba sentado junto a ella, en el sofá. Cuando él viajaba —cosa que hacía con mucha frecuencia—, lo esperaba ansiosa. Sin él, se sentía sin vida, sin contenido, vacía. El, en cambio, parecía lleno de vida y siempre satisfecho. Como todavía es el caso de muchas mujeres, María tenía la idea de que el matrimonio excluye el desarrollo de intereses propios, independientes. Había experimentado la sensación de que perdería a su marido si no se esforzaba por mantener la relación. Al comienzo no podía entender que su marido la había abandonado justamente por eso, porque era muy dependiente y lo absorbía mucho. Incluso había solicitado en la compañía de seguros, en la cual trabajaba, un puesto que casi no le imponía exigencias. De esa manera podía consagrar todo su tiempo al marido.

Paso a paso, fue aprendiendo que había en ella muchas posibilidades que buscaban ponerse de manifiesto en diversos terrenos y relaciones, y no podían concentrarse en la relación con una sola persona.

Para todos nosotros representa un problema concretar nuestras necesidades de apoyo, seguridad y cobijamiento, por un lado, y nuestros deseos de vivir, movernos y cambiar, por el otro. María, como tantas otras personas, se había jugado —con afanes perfeccionistas— a una sola forma de solución, la de encontrar en el matrimonio un alto grado de seguridad y, a la vez, participar de las muchas posibilidades de la vida a través de su marido, en calidad de representante.

Las perturbaciones en el terreno de las relaciones están siempre vinculadas con bloqueos, inmovilizaciones. En el asesoramiento procuramos sacar de la varadura al barquito y hacerlo flotar en busca de otras soluciones. En el diálogo entre el asesor y la persona en busca de consejos, probamos —como jugando— qué otras posibilidades existen.

Desde este punto de vista, el asesoramiento psicológico también puede considerarse como un juego. Como en todos los juegos, existen reglas que fijan un marco dentro del cual hay más cosas posibles que en la vida "real". Todas las formas de asesoramiento de este tipo tienen algo en común. Por ejemplo: la relación entre el asesor y quien solicita su consejo se limita a los encuentros fijados y en éstos sólo se persigue resolver las necesidades del segundo. Cuando la cosa se vuelve "seria" y ambas partes quieren establecer una relación amorosa, se abandona el marco del juego. Es una situación en extremo artificial y extraña. ¿Dónde encuentra en la vida a alguien que se preocupe exclusivamente por usted y acerca de quien usted no sepa prácticamente nada respecto de lo que es y hace fuera de ese consultorio, de cómo vive o qué le interesa?

Para no quedar empantanados en la rutina de lo cotidiano, en nuestras ideas acerca de nosotros y de los demás, necesitamos, de vez en cuando, oportunidades de vernos de manera diferente. En el juego podemos experimentar comportamientos muy diferentes, sin llegar a consecuencias de excesivo alcance. La movilidad que así adquirimos puede animarnos a encarar las cosas de otra manera en nuestra realidad de todos los días. El flirteo se presta particularmente para probar juguetonamente otras posibilidades de las que disponemos para ponernos en relación con una persona.

Dirk Blother, de la Universidad de Colonia, ha publicado

una interesante investigación sobre el tema. Ha colocado bajo la lupa el flirteo en su sentido más estricto, es decir el encuentro erótico entre un hombre y una mujer.

Distingue cuatro formas de lo que, en general, y en la literatura se entiende por "flirteo".

En primer lugar está el flirteo como aventura sexual. En él, un hombre y una mujer se miden en un encuentro sexual pasajero. Este puede desembocar en un contacto sexual pleno; pero también puede tratarse de un intercambio de ternura.

En esto se distingue del flirteo como jugueteo previo a una relación sexual duradera entre una mujer y un hombre. A través del flirteo se puede llamar la atención del compañero potencial y luego probar, en el toma y daca, si se trata o no del compañero apropiado. Por fin, uno se puede retirar del asunto sin adquirir compromiso alguno.

En la tercera forma, el flirteo como coquetería, el encuentro sexual queda descartado desde el comienzo. En este caso sólo se trata de llamar la atención del otro. El intercambio es mínimo. Se pretende atraer la mirada del otro y así despertar su deseo. Esta forma de flirteo busca la autoafirmación; uno quiere asegurarse de que, como mujer o como hombre, ejerce un efecto sobre los representantes del sexo opuesto.

El flirteo como juego, finalmente, no pretende ni una relación sexual duradera ni un contacto sexual. Dirk Blothner afirma lo siguiente: "En cierto sentido, esta forma se basta a sí misma y se limita a insinuaciones de actos sexuales. Juega con la ambivalencia de miradas, palabras y la casualidad e interpretación de roces corrientes". Supongamos que un hombre da fuego a una mujer y ésta apoya su mano sobre la de él. De afuera, parecería que ella sólo pretende proteger la llama de una corriente de aire. Pero para ellos dos, ese gesto puede tener el significado de una tierna caricia.

Para los psicólogos, la forma de flirteo como juego con símbolos sexuales es la más interesante. Porque, desde el punto de vista psicológico, existe una considerable diferencia entre el intercambio de actividades sexuales y su omisión en el caso de la coquetería. También existe una diferencia entre el flirteo como prueba previa a una relación duradera y el flirteo mantenido en el plano del simple juego. ¿En torno a qué gira un flirteo?

¿Se trata de una satisfacción sexual o de una manera de cobrar seguridad sobre uno mismo? ¿Es una manera de probar que uno podría si quisiera? ¿Cuál es el núcleo? ¿El juego por el juego mismo o se trata de una introducción? ¿Qué consecuencias y derivaciones tiene lo que hacemos?

En el flirteo como juego, cabe preguntarse cuál es el saldo que nos deja. En las relaciones de pareja de larga duración, al igual que en el individuo, existe el peligro de que se produzca un estancamiento en la evolución. Y así se llega al punto de que las posibilidades de intercambio vivo entre los dos miembros de la pareja parecen agotadas. Creemos conocer al otro a fondo y el trato mutuo marcha por carriles seguros.

El juego del flirteo, en cambio, nos brinda la posibilidad de sentirnos completamente distintos en nuestra relación con otro hombre o con otra mujer, que en la relación con nuestra pareja fija.

Por supuesto, también existen riesgos. La dificultad en el juego del flirteo consiste en no dejarse arrastrar por la excitación, el suspenso, el erotismo que se produce en la aproximación a un extraño. Presupone seguridad en las propias condiciones para lograr tanto el acercamiento como el distanciamiento. De modo que quienes dominan, en su relación estable, el acercamiento al otro y el volver a sí mismos, son quienes disfrutarán del flirteo sin peligro y lo aprovecharán para dar vida a su pareja. Blothner llega a la conclusión de que "el flirteo tiene mayores posibilidades y provecho para los miembros de una unión feliz, que para los de una unión desdichada".

Espacio de juego en común

Pero ahora volvamos a nuestra definición algo más amplia del flirteo. Si por flirteo entendemos cualquier tipo de contacto juguetón y despreocupado —ya sea entre una posible pareja de enamorados o en el encuentro de mujer y mujer, hombre y hombre, viejo y joven— se nos abre un campo mucho más amplio, en el cual podemos hacer nuevas experiencias. En este caso no se trata de una exposición lo más pura posible —es decir, ajustada a patrones científicos— del flirteo, sino de descripciones que se ajusten bastante a la vida cotidiana, de la cual podemos extraer nuestras posibilidades de acercarnos a otros, de poner a prueba esas posibilidades y de ampliarlas.

En el flirteo en su sentido más estricto, lo que nos mueve es lo erótico, el cúmulo de posibilidades de interpretación sexual. ¿Qué confiere su movilidad a los otros contactos lúdicos?

Imagine que es viernes y usted está invitado a una fiesta, más o menos importante, con amigos. Aunque la situación fomenta la sociabilidad, hace ya un buen rato que usted anda dando vueltas por ahí, en una actitud algo rígida, con su vaso de cerveza en la mano. No está demasiado predispuesto a establecer contactos; ha dejado atrás una semana de trabajo duro y habría preferido quedarse en su casa. Allí se habría sentado cómodamente frente al televisor. Sólo vino por no decepcionar a sus amigos. De pronto, alguien junto a usted levanta, un vaso de vino, y se dirige a usted con un: —Y bien, ¿qué opina de esta copita?

Antes que usted haya podido reponerse de su sorpresa y explicar que no le gusta el vino, su interlocutor comienza a girar la copa ante sus ojos y habla de matices de color y sabor, en los vinos blancos. Usted sigue escuchando mientras él le informa que prefiere el vino tinto y que, hace poco, consiguió un estupendo Chateau-Neuf-du-Pape, directamente de la bodega. Pero usted ya no puede ni quiere seguir su conferencia sobre orientación de los viñedos y sobre las diversas cepas. Hace rato que está ocupado en buscar la manera de librarse de su interlocutor lo antes posible, sin mostrarse descortés.

Ese intento de contacto fracasó desde el vamos. Habría sido preferible que su interlocutor renunciara a su tema favorito en las reuniones sociales. Si hubiera estado atento, habría observado que usted se sentía un poco perdido y se podría haber acercado con la observación: "Siempre lleva un buen rato sentirse a gusto en una reunión tan numerosa". Quizás, en ese caso, ambos hubieran caído en el tema de la nueva vivienda de sus amigos comunes y, quizás, él hubiera resultado ser un jardinero aficionado tan entusiasta como usted. De allí podría haber surgido un diálogo animado.

Para que un contacto tenga éxito, es necesario dar con un ámbito en el cual ambos se puedan encontrar con vitalidad. Lo importante es un espacio de juego en común, en el cual ambos se puedan mover con libertad. Cuando queremos iniciar una conversación con alguien a quien no conocemos, no sabemos qué le interesa, qué le gusta y qué no le gusta, qué puede llegar a entusiasmarlo o a irritarlo cada vez que se toca el tema. Lo mismo le ocurre al otro en lo que respecta a nosotros. Lo que sabemos el uno del otro se limita, en el primer momento, a lo que podemos percibir aquí y ahora en esta situación. Por ejemplo, si usted es un apasionado del fútbol, es muy probable que la persona sentada junto a usted en el estadio también se interese por ese juego. En ese caso, el espacio de juego en común se encuentra con rapidez.

El contacto vivo se establece cuando podemos expresarnos abiertamente. Eso no significa que podamos brindar a un desconocido una imagen lo más amplia posible de nosotros mismos. Al hablar de apertura, me refiero a apertura en esa situación. Un contacto es natural cuando formulamos una oferta al otro y podemos esperar a que el otro la reciba y a observar qué hace con ella. Las conversaciones en las cuales uno le relata al otro, con todo detalle, cuál es su profesión, cómo vive, qué auto conduce y qué viajes ha emprendido, son fatigantes para ambos. La gente que abruma a los demás con una larga letanía de sus hazañas, busca admiración. Por lo general no logra su objetivo. ¿Usted no piensa en esos casos: "éste tenía necesidad de hablar" y se aparta? Es mucho más fácil conquistar la simpatía de alguien cuando nos limitamos a mostrar la cara nuestra ligada a la situación en la cual nos encontramos y, al mismo tiempo, brindamos la posibilidad al otro de que haga lo mismo.

En mis cursos suelo advertir que más de un participante se siente en la obligación de entretener a los demás y de discutir todo el procedimiento. Ese enfoque lleva con facilidad a una situación que conocemos a través de los cuentos cómicos: el señor X habla por espacio de media hora al señor Y, no le permite pronunciar palabra; por fin, se despide de él diciendo: "fue una charla entretenidísima". Aunque dejemos de lado eso, la intención de entretener lo coloca a uno bajo presión. Porque está todo el tiempo ocupado pensando en qué ha de decir a continuación. Todos conocemos el malestar que nos provoca un interlocutor cuando sólo escucha nuestras palabras para escoger una que le dé pie para interrumpirnos con una perorata. Por ejemplo, si estamos hablando de nuestro tranquilo fin de semana en las montañas, nos interrumpe para decir que él prefiere los viajes largos y nos narra en detalle su último viaje a Thailandia.

El espacio de juego es para los dos. Otorgue al otro la posibilidad de intervenir. Se sentirá más relajado si puede esperar a escuchar lo que el otro tiene para decir. Entréguese al juego en común. De esa manera ya no tendrá que soportar charlas aburridas.

5

Desarrolle su receptividad

Mientras nos dedicamos a nuestras actividades diarias conocemos a mucha gente. Cuando vamos rumbo a nuestro lugar de trabajo, puede ocurrir que alguien nos detenga para preguntarnos el camino; durante la jornada solemos intercambiar algunas frases con nuestros compañeros; a la espera del ascensor, para ir de una división a otra, podemos establecer algún diálogo con un desconocido; al hacer las compras, ante la boletería del cine, mientras practicamos un deporte y en un curso de estudios... en cualquier parte encontrará usted oportunidad de establecer contactos... siempre que se muestre receptivo.

Leonard Zunin, un psiquiatra estadounidense, ha observado que nuestros contactos interhumanos —ya se trate de encuentros con familiares, amigos, conocidos o desconocidos— se cumplen, término medio, en el espacio de cuatro minutos. Por lo visto, ése es el lapso durante el cual se pueden intercambiar pequeñas unidades de caricias, establecer nuevos contactos o renovar los antiguos. También parece ser el lapso socialmente aceptable para volver a separarse, sin parecer descortés.

¿Qué ocurre, en realidad, durante esos minutos de encuentro? Supongamos que usted está en una oficina pública y espera su turno. La actividad es muy grande y el proceso, lento. Con el comentario "se está haciendo larga la espera", su vecino inicia el diálogo y, de buenas a primeras, usted se ve envuelto en una conversación superficial. Puede ser que usted viva ese contacto como forzado y tedioso. Pero puede ocurrir que, a los pocos minutos, esté manteniendo una entretenida y grata charla. ¿En qué consiste la diferencia? ¿Por qué unas veces vivimos el contacto como un lastre y estamos alertas a que anuncien "El próximo, por favor", a la espera de escapar a esa situación paralizante, y otras veces olvidamos por completo que estamos esperando a que nos llamen? Puede ser que ambas conversaciones versen sobre el mismo tema, digamos, el estado del tiempo. El tedio surge cuando sólo se intercambian breves comentarios y ambas partes se mantienen a la defensiva. El contacto se vuelve vivo cuando nos sentimos personalmente aludidos, cuando podemos expresarnos libremente sin miedo —por ejemplo de hacer un papelón— y cuando otorgamos al tema nuestro matiz personal. Pero, para eso, hay que animarse a asomar un poco de nuestro caparazón y permitir que el niño que hay en nosotros intervenga. Un niño es imaginativo, es capaz de crear algo con los elementos más cotidianos. El estado del tiempo también puede ser motivo de comentarios divertidos.

En esas unidades de minutos tenemos la posibilidad de jugar libremente. No es preciso que brindemos al otro una visión profunda de nuestro género de vida. Basta con que utilicemos el material con el cual contamos en ese momento, el que nos trae el instante, y lo desarrollemos con naturalidad. Cuanto menos inhibiciones tengamos, mejor exhibiremos nuestro estilo personal. Es un *pars pro toto*, es decir, al permitir que esa pequeña situación se arme espontáneamente en combinación con su interlocutor, usted está poniendo de manifiesto una parte de su modo de ser.

Nuestra peculiaridad es algo vago, indefinido, pero que se mantiene constante a través de todas nuestras manifestaciones. Nuestra forma de vestirnos es parte de nuestra personalidad, en la misma medida que nuestra manera de hablar sobre el estado del tiempo. Por cierto, eso no significa que una mirada al aspecto exterior de una persona nos permita extraer, en seguida, conclusiones definitivas sobre su personalidad. Si, por ejemplo, en su banco lo atiende una dama vestida con un atuendo de noche revestido en pedrería, eso no quiere decir que esa empleada sea una inadaptada. Puede ser que la noche anterior haya asistido a una función de gala, haya perdido las llaves de su casa y haya debido pernoctar en casa de una amiga. Pero la forma en que alguien responde, en general, a las expectativas del banco con respecto a la vestimenta de sus empleados, nos está diciendo algo acerca de su personalidad. Aunque, en realidad, no existen relaciones muy estrictas. Lo que percibimos en lo exterior de otro, es sólo una piedrecita del gran mosaico representado por ese ser. Nos puede impresionar o no. Algo que nos llame la atención en él puede despertar nuestra curiosidad y el deseo de conocerlo mejor.

En el transcurso de las múltiples unidades diarias de contacto, se desarrollan procesos muy complicados. En pocos minutos nos presentamos nosotros mismos y, al mismo tiempo, procuramos decidir "qué clase de bicho" es el otro y si vale la pena solidificar ese contacto o si dejamos las cosas como están. Ese complejo proceso se desarrolla con mayor fluidez cuando no intentamos brindar una determinada imagen de nosotros mismos, que disimule nuestras supuestas fallas. Porque esa intención embota nuestra receptividad a la realidad del otro. Tener confianza en sí mismo significa confiar en que nuestras manifestaciones espontáneas brinden una imagen real de nuestra manera de ser y que esa imagen impresione bien al otro.

La intuición puede aprenderse

Cuando nos encontramos, por azar, con otra persona, siempre existe la posibilidad de ganar un amigo o una amiga. Si encaráramos esas situaciones con una "lista de chequeo" en la mano o en la cabeza, no sólo las dificultaríamos sino que les quitaríamos toda espontaneidad. Pero todos contamos con un instrumento muy sensible, con el cual podemos determinar si alguien armoniza o no con nosotros; ya se trate de un interlocutor interesante, de un compañero de deportes o de la pareja para el resto de nuestra vida. No sabemos con exactitud cómo funciona ese instrumento; nos transmite sus resultados en forma de "pálpitos" o suposiciones. Por ejemplo, en compañía de una persona nos sentimos, inmediatamente, a gusto, mientras que en la de otro no sabemos qué hacer con las manos y con los pies. Algunos afirman que, desde el primer encuentro con quien habría de ser su cónyuge, "supieron" sin vacilaciones que habían dado con el hombre o con la mujer de su vida. No saben explicar en qué se basó esa instantánea seguridad; simplemente la experimentaron. Suena a magia. Sea como fuere, es algo enigmático que reconozcamos por intuición la personalidad de un ser totalmente desconocido y que, por lo visto, podamos anticipar ciertos acontecimientos en la imaginación.

Ruth C. Cohn considera la intuición como una forma de captar la realidad pareja a las otras dos: la percepción por medio de los sentidos y la mente, y la deducción, o sea el derivar lo individual de una ley general, el inferir. La mencionada autora opina que no se trata, para nada, de un procedimiento mágico, sino de una facultad del ser humano en general, como "la capacidad de amar, de pensar, de desarrollar teorías y de crear obras de arte". Nuestra intuición no puede errar; pero nosotros nos podemos equivocar respecto de nuestras intuiciones, de la misma manera que nos podemos equivocar en un razonamiento.

Ruth C. Cohn entiende la intuición como una complicadísima capacidad, cuyo resultado emerge en forma repentina y segura en nuestra conciencia. Se basa en:

- la claridad de las percepciones,
- el suficiente almacenamiento de hechos,
- el razonamiento educado,
- los sentimientos alertas y no bloqueados.

Cuando hablamos del poder de la primera impresión, queremos decir que, en un breve encuentro, hemos percibido muchas cosas que van más allá de lo hablado y de lo sucedido. El que nuestra primera impresión del otro le haga justicia depende, en esencia, de que nuestro "órgano de recepción" pueda funcionar bien o no.

Nuestra receptividad hacia la manera de ser del otro se limita mucho cuando, por nuestra parte, nos empeñamos en causar una determinada impresión. Cuando creemos tener que brindar una imagen brillante, para que el otro se interese por nosotros, durante el contacto nos ocupamos de mostrar, fundamentalmente, nuestro aspecto más favorable. Incluso, aquel que se muestra inferior a lo que es, para causar una "buena impresión", está más ocupado consigo mismo que con la situación momentánea. En ese caso queda poco espacio interior para recibir lo que viene del otro. Al pavonearse o al tratar de mostrarse moderado, se deja de percibir con claridad la imagen del otro. Además se está brindando una imagen falseada de uno mismo. El resultado puede ser que uno siempre caiga con quien no debe. En mis cursos encuentro hombres y mujeres que, con frecuencia, se sienten atraídos por personas a las cuales ellos parecen resultarles por completo indiferentes, mientras que ellos —a su vez— no prestan atención a quienes buscan su proximidad.

Esta repetida experiencia frustrante puede deberse a que los hombres o mujeres en cuestión están demasiado atados a sus expectativas, anhelos e ideas atemorizantes. Supongamos que una mujer anhela intensamente una pareja. Quizá la hayan decepcionado, una y otra vez, los hombres de los cuales se ha enamorado. Es posible que esa cadena de tristes experiencias se haya iniciado con el primer hombre en su vida: el padre. Ella debe de haberlo amado como todas las niñas a su respectivo padre; pero él se retrajo, se volvió inalcanzable, sea porque su trabajo lo retenía lejos de su casa o porque no supo encontrar la forma de retribuir el afecto de la niña. De ese amor y de la imposibilidad de concretar una verdadera relación con el padre, surgió en ella una tensión que buscaba resolverse de alguna manera. Si se trataba de una criatura imaginativa, esa tensión le sirvió para forjarse una imagen del padre en la cual lo adornó con todas las características que ella veía en un padre amante. Esa imagen mostraba a un hombre grande, poderoso, siempre atento a ella; en una palabra: perfecto. Quizás él haya sido particularmente atento con ella en sus raros encuentros. Pero su carácter de ser inalcanzable impidió que se desarrollara una relación padre-hija real, en la cual ella pudiera conocerlo como ese hombre en particular, con fuerzas y debilidades propias. En lugar de la experiencia con un ser humano dotado de múltiples facetas, se quedó con la imagen simplificada de un hombre perfecto, una simple expresión de deseos. Esa imagen irreal se complementó con la experiencia real: su padre la dejaba sola y, en general, no le daba lo que ella deseaba. Según la fuerza de sus anhelos insatisfechos, cuando encuentre a un hombre se aferrará a sus fantasías acerca de cómo ha de ser ese hombre, o será capaz de conocer a ese ser humano real, al margen de su imagen ilusoria. Si un encuentro real agita esas imágenes ficticias aún vivas, éstas pueden llegar a perjudicar las percepciones.

Pero aunque las imágenes ficticias sean menos vívidas, es posible que tengan un efecto negativo sobre la primera impresión. Se trata de nuestros presupuestos y de nuestros prejuicios. Suposiciones como la de que "los hombres con barba siempre tienen algo que ocultar", nos evitan acercarnos a alguien en forma libre. Las conclusiones apresuradas y las generalizaciones hacen que nuestras percepciones no sean del todo correctas.

Si, en cambio, permitimos que las personas sean como son, si somos capaces de enfrentarlas en actitud positiva y aceptar que no podemos abarcar a una persona, en toda su complejidad, a primera vista, estaremos abiertos al tenue susurro de nuestra intuición, que —con repentina certeza— nos transmitirá una noción de la realidad del otro.

Ejercicio:

Una vez más le proponemos que se tome tiempo y tranquilidad. Recuerde el primer encuentro con una persona que haya terminado siendo muy importante para usted. Vuelva a colocarse en esa situación y permita que afloren las fantasías, premoniciones y pensamientos que surgieron en usted al conocer a esa persona. ¿Cuáles se confirmaron al conocerla en forma más íntima? ¿En qué se equivocó usted?

¿En qué onda emite usted?

¿Le ha sucedido alguna vez el conocer a una persona y sentir, al poco rato, que llevan años de trato? Se entendieron desde el primer instante. Tenían la misma "longitud de onda"; hablaban el mismo lenguaje. Usted encontró, espontáneamente, el acceso a alguien y ese alguien a usted. Iniciaron, casi en seguida, un fácil intercambio y experimentaron la sensación de tener temas en común para años. Otros encuentros, en cambio, se inician con dificultades de comprensión desde el punto de partida. Puede ser que usted haya "metido la pata" con su primera observación y haya dado justo con el tema irritante para el otro, lo cual puede haberle valido una réplica áspera.

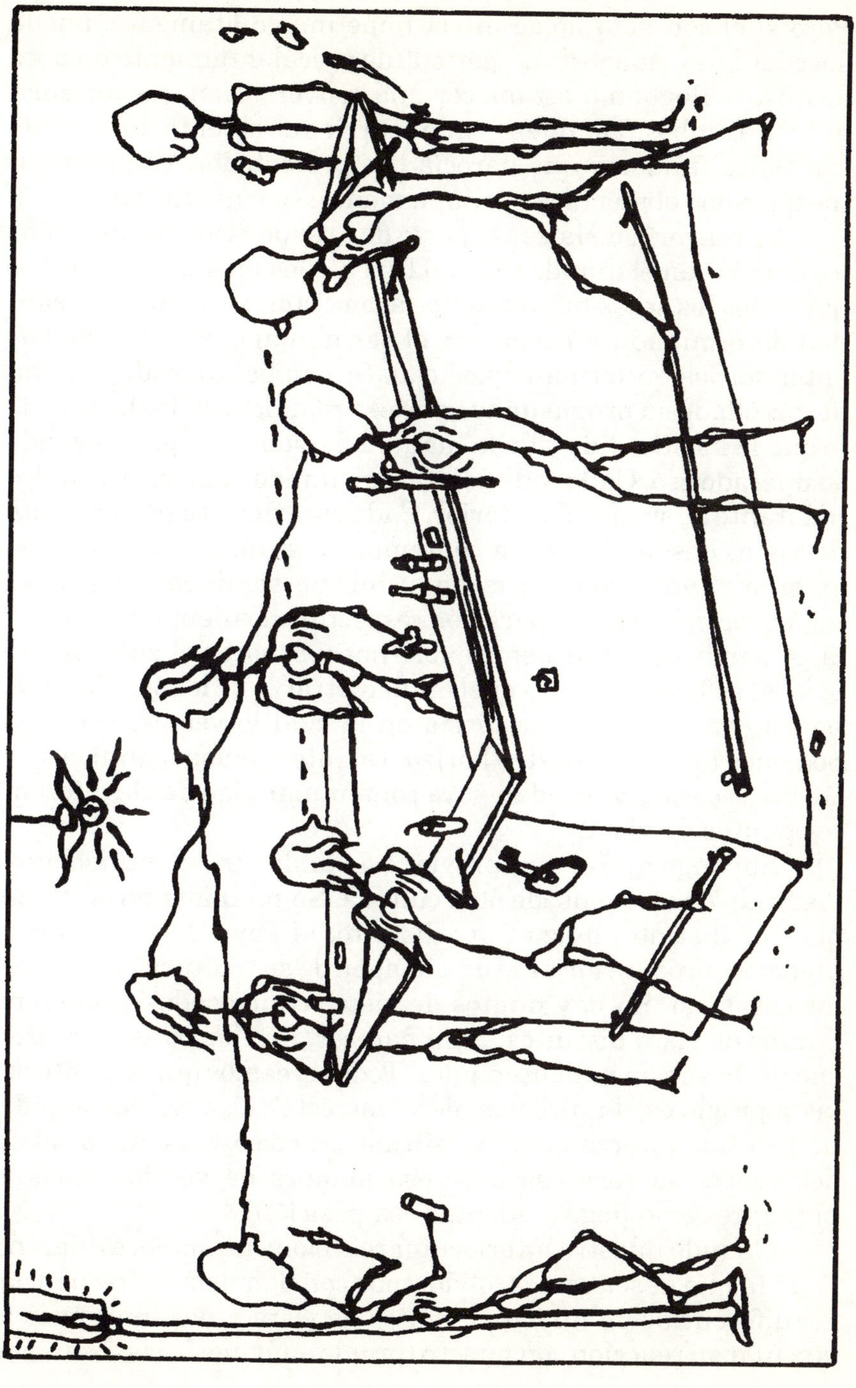

Pero si el contacto no se interrumpe inmediatamente, puede suceder que —luego de un período de precalentamiento un poco azaroso— lleguen a establecer una conversación que los enriquezca a ambos. También puede ocurrir que el contacto iniciado con tanta fluidez y que parecía tan prometedor, tropiece con inesperados obstáculos o, simplemente, se empantane.

La mayoría de la gente parte de la suposición de que todos los demás ven el mundo tal cual lo ven ellos mismos. Es verdad que todos los seres humanos nos asemejamos en nuestra realidad determinada y hecha por el ser humano, y que podemos entendernos en forma superficial. Sin embargo, cada cual ha desarrollado su propia imagen de esa realidad, sobre la base de lo que le ha sucedido y de la manera personal en que ha vivido y superado eso. Cada individuo es un mundo aparte, es el único habitante de su mundo interior. Cada cual tiene su propio punto de vista, desde el cual se contempla a sí mismo y al mundo exterior. Tener conciencia de sí mismo significa, en primer lugar, reconocer esa separación respecto de los demás y aceptarla. A partir de allí podemos abrirnos y conocer el enfoque del otro. Al esforzarnos por ver el mundo a través de los ojos del otro, no sólo se nos aclara la forma en la cual lo vemos, sino que podemos ampliar nuestro horizonte. Inteligencia significa, entre otras cosas, capacidad para contemplar algo desde diferentes puntos de vista.

Suponga que el otro proviene de un lugar del mundo muy distante, de otro país, de otra cultura. Su mundo interior tiene que ser distinto, quizá muy distinto, al suyo. Escúchelo con atención, procure forjarse una imagen de su "cultura". Si vemos las cosas así, no hay puntos de vista "equivocados"; sólo hay puntos de vista distintos. A mi parecer, muchas riñas y reproches se basan en malentendidos. Todos creemos que el punto de vista propio es el único posible y "correcto". Esa rigidez impide un legítimo intercambio. No afirme "en eso estás equivocado"; demuestre su sorpresa ante esa manera de ver las cosas y pregunte cómo llegó a adoptar esa posición.

Cuando nuestro interlocutor reacciona de manera diferente de la que deseábamos, olvidamos con demasiada frecuencia las diferencias de nuestros puntos de vista y nos limitamos a vincular su reacción con nuestro propio enfoque de las cosas. En lugar de preguntar por qué se comporta así, extraemos conclusiones apresuradas. Los ejemplos que siguen nos ayudarán a entender esto.

Un hombre y una mujer establecen un diálogo en una reunión social. Mientras charlan sobre temas cotidianos se establece una corriente de simpatía entre ambos. Ambos son cautelosos y, más bien, reservados. Ambos experimentan el deseo de profundizar ese contacto, pero ninguno de los dos se anima a proponer otro encuentro. Después de un rato se separan y puede ser que nunca más vuelvan a encontrarse. La mujer siempre espera que la iniciativa parta del hombre, de modo que llega a la conclusión de que él no tiene interés en ella. Debería haber advertido que ese hombre no es del tipo "conquistador" y que, a su vez, esperaba una palabra de aliento por parte de ella.

El ejemplo que sigue proviene de uno de los cursos. Una de las participantes contó que había conocido a un muchacho en una cervecería. Habían establecido un diálogo ameno y habían terminado por intercambiar números telefónicos. El había quedado en llamarla. Eso había ocurrido dos días atrás y no había vuelto a saber nada de él. Ella estaba bastante decepcionada y daba el asunto por terminado. Otro de los participantes opinó que no debía tomar las cosas así. Consideraba que el joven había dejado pasar unos días, para no presionarla. El mismo vacilaba en situaciones como ésa, porque no sabía con seguridad cuándo podía ser el momento oportuno para el llamado.

No hay reglas fijas, de validez general, para establecer el "momento oportuno". Siempre conocemos sólo nuestro punto de vista; tenemos que enterarnos de cuál es el del otro. Pero, para actuar, tenemos que hacerlo a partir de nuestra posición. Si usted experimenta el deseo de establecer un contacto más estrecho con el otro, expréselo. Cualquiera sea la reacción del otro, usted sabrá con certeza si comparte su deseo o no. De esa manera no se lamentará de haber perdido una ocasión y, en caso de que se produzca un rechazo, se evitará una torturante espera que puede durar varios días.

Todos percibimos la realidad a través de nuestros sentidos: vemos, oímos, palpamos y saboreamos lo que tenemos por delante. Aunque todos dispongamos de esos "órganos de recepción", éstos pueden ser de calidad diferente en cada individuo y, sobre todo, cada cual tiene su propia manera de recibir lo que pasa fuera de él.

Grinder y Bandler hablan de diferencias en los "sistemas de percepción". En otras palabras: si, por ejemplo, recibimos predominantemente las informaciones del medio a través de la vista, lo óptico determina —predominantemente— nuestras ideas, nuestra imagen interna del mundo. Eso se manifiesta también en la elección de las palabras utilizadas para comunicarnos con los demás. Si hablo, por ejemplo, de mi vivienda desde el punto de vista de un sistema óptico de percepción, elijo expresiones vinculadas con el ver y con lo visible: es una preciosa casa antigua, cubierta de hiedra. Desde mi escritorio veo árboles viejos y puedo observar lo que ocurre en la calle.

Si, en cambio, soy una persona orientada hacia lo acústico mencionaré los rumores que me llegan desde el piso de arriba, cosa que yo considero grata y hogareña; diré que el ruido del tranvía, que pasa por el otro lado de la calle, no me molesta, porque el vidrio doble me protege de los ruidos callejeros.

Si describo mi vivienda desde un punto de vista quinestésico, es decir, el vinculado con sensaciones del cuerpo, concederé especial importancia a la tibieza y a la calidad y ubicación de los sillones.

Las imágenes internas que nos forjamos acerca de una situación que vivimos, también responden a estos sistemas de percepción. Si una mujer que se maneja más con la vista se encuentra con un hombre predominantemente quinestésico, cada cual expresará simpatía a su manera. Ella buscará profundizar la mirada, mientras que él expresará su deseo de acercarse a ella, aproximándose físicamente y rozándole el brazo mientras habla. Como él no reacciona de igual modo a sus miradas, ella puede llegar a la conclusión de que está poco interesado en su compañía. Incluso puede ocurrir que se sienta incómoda y piense: "A éste no le interesa nada más que 'aquello'; qué va a decir la gente si lo dejo que me toquetee así".

Nuestro sistema de percepción predilecto tiene influencia sobre el tipo de estímulos ante los cuales reaccionamos, sobre aquello a lo cual somos receptivos y sobre el "canal" por el cual "transmitimos". Una persona para la cual el ver es lo más importante percibirá, en el primer momento, el aspecto exterior de la otra. Por su parte, para expresarse a sí misma, utilizará todo lo que es visible. Concederá mucha importancia a su vestimenta, se expresará a través de la mirada y se rodeará de cosas que le resulten gratas de contemplar. Es posible que, en una relación de pareja, disfrute muy especialmente el exhibirse con su compañero o compañera como pareja linda.

Alguien con orientación predominantemente acústica será sensible a los sonidos, rumores y a los tonos de una voz, y sin duda se expresará a través de su modo de decir las cosas.

Para la gente que percibe, sobre todo, en forma quinestésica, es muy importante que su piel se sienta a gusto en compañía de otro o en un lugar. Son sensibles a las modificaciones en el espacio, si alguien se acerca a ellos, los roza o se mantiene a una fría distancia. Rozan a los demás y tocan las cosas, prefieren aquellas actividades que les proporcionan sensaciones físicas especiales, como el deporte, los baños sauna y los masajes.

La preferencia de un sistema de percepción no significa que no podamos recibir y emitir por otros "canales". Si, de tanto en tanto, dirigimos nuestra atención hacia las demás posibilidades de percepción, podremos agudizar nuestros sentidos también en esos terrenos.

Ejercicio:

Como final de este capítulo sobre la receptividad, recomiendo el siguiente ejercicio:

Fíjese un día "libre de flirteo". Durante ese día no se acerque a nadie, por propia iniciativa, y dedíquese a observar a quienes se acercan a usted. Pero ese día muévase entre la gente: en su lugar de trabajo, visite otras divisiones; almuerce en la cantina; utilice la fotocopiadora (que, por lo general, está en un lugar central, por el que pasa mucha gente); por la tarde dé un paseo por la ciudad y, al atardecer, concurra a algún lugar en el que, con seguridad, pueda encontrar a muchas personas. Esté atenta a cualquier contacto visual que se prolongue una fracción de segundo más que lo habitual y observe quién busca su proximidad. Limítese a recibir señales; ese día estará dedicado a la "recepción". Brinde a otros la posibilidad de acercársele...

y responda si alguien le dirige la palabra. Anote sus observaciones.

Los participantes del curso informaron que este ejercicio les permitió apreciar la cantidad de personas que tomaban contacto con ellos y comprobaron que tenían una marcada tendencia a ser ellos quienes daban el primer paso.

6
El primer paso

En mis cursos de flirteo, muchos de los participantes encuentran que el primer paso para aproximarse a un compañero potencial de flirteo es el más difícil. Muchos creen —y algunos lo viven así— que la cosa marchará por si sola no bien consigan enganchar a alguien. Con frecuencia se supone que el buen flirteador dispone de un repertorio de frases iniciales muy ingeniosas o que despierten, de alguna manera, interés. Una participante llevó esto al extremo de preguntar por la frase con la cual se podía atar, con total seguridad, al interlocutor. No existe ese "Sésamo, ábrete" para el corazón de la otra persona.

Fred, un ingeniero electrónico de 28 años de edad, se quejó de que no se le ocurría nada cuando quería entrar en contacto con una mujer agradable. Asistía al curso para resolver ese problema. Hasta ese momento había salido siempre con un amigo a quien le resultaba fácil dirigir la palabra a una chica en un baile o en un bar. Se habían puesto de acuerdo en que el amigo abriera siempre el fuego y que Fred se incorporara luego a la conversación. De modo que el amigo era una especie de "pez guía" para él. Una vez roto el hielo, Fred manejaba bien el flirteo. Pero, con el tiempo, esa dependencia comenzó a molestarle. Una vez que hubo descripto con tanta claridad sus dificultades, teatralizamos la situación. Elegimos una tarea no muy fácil. Fred debía representar, con otra participante, la siguiente escena: él entra al cine y se sienta junto a una dama, que también está sola. El filme no ha comenzado aún; las luces están todavía encendidas. Le aconsejé no meditar demasiado e iniciar la conversación con la primera frase, más o menos plausible, que se le ocurriera. Fred le preguntó: "¿No estoy equivocado? ¿Dan aquí *Danza con lobos*?" Ella le respondió: "Sí. A mí también me ha pasado eso de instalarme en un cine sin saber si había entrado a la sala que correspondía. Eso del amontonamiento de salas pequeñas en un mismo lugar..." De allí en adelante, el juego prosiguió sin trabas. Hablaron de las idas al cine y de que, en realidad, era más lindo ver un filme acompañado por alguien. Finalmente, Fred pudo proponer a su vecina, con toda naturalidad, que tomaran una cerveza juntos a la salida.

Estas teatralizaciones son muy frecuentes en nuestros cursos. Cuando pregunto qué fue lo primero que le dijo el uno al otro, por lo general, el abordado no lo recuerda. De modo que, por lo visto, lo más importante es que se diga algo y no lo que se dice.

Por supuesto, no es aconsejable sorprender en el tranvía a un hombre, que ni siquiera nos ha mirado, con un: "Hola, me llamo Karin. Usted me gusta. ¿No quiere venir a cenar a mi casa esta noche?". Es bueno y agradable saber lo que se quiere. Pero el riesgo del rechazo es muy grande, en caso de una propuesta de esa naturaleza.

Para empezar, hay que establecer un contacto visual. ¿Responde el hombre a la mirada o aparta la vista con indiferencia? Ese es un primer índice para saber si el otro está dispuesto a un acercamiento o si sus pensamientos están muy lejos.

Puntos de partida

Una vez explorado el campo con gran cautela, se puede improvisar un punto de partida para iniciar el primer paso. Es el momento de dar rienda suelta a la inventiva del niño que hay en uno. Sea cual fuere el lugar en que encuentra usted a una persona, ambos están ya en una situación común; se trate de una estación ferroviaria, un café o la plataforma de una torre que domina la ciudad. Toda situación ofrece una multitud de puntos de partida para iniciar una conversación. Lo único que hay que hacer es acomodarse a ese instante en especial. Formule una única observación sobre lo que ha llamado su atención aquí y ahora. La pregunta "¿Sabía usted que hoy es el cumpleaños de Colón?", formulada en la fila ante un cajero automático es original, de eso no cabe duda... ¿pero qué respuesta admite? Y, sobre todo, ¿cómo se puede establecer una conversación de varios minutos sobre esa base?

Si observa algo muy particular en el otro, puede utilizarlo como punto de partida, por ejemplo: "Perdón. ¡Pero qué original es ese reloj que lleva! ¿Es realmente de piedra?". Si se expresa con cortesía y no se acerca demasiado al otro, la valla se habrá saltado con facilidad. "Nena, cómo me gustas" o "¿Qué tabaco fuma? El olor es insoportable" son intentos de aproximación con muchas menos posibilidades de éxito; pero una confrontación de ese tipo puede derivar, quizás, en un diálogo interesante. Todo depende del tono que se emplee y de que la otra parte considere una observación de ese tipo como apta o no para proseguir una conversación.

Lo mejor es elegir como punto de partida algo que esté ante usted y la otra persona, y que a ambas les interese.

Beate, una educadora de 29 años, ha elegido algunos libros en la biblioteca pública y está en la fila de los que esperan ser atendidos por la bibliotecaria. El proceso es lento y la muchacha tiene tiempo para observar a los que la rodean. Delante de ella hay una señora joven que charla animadamente con su hijita. Lleva, por lo menos, diez libros en los brazos. Cuando llega al mostrador, arma una pila de libros infantiles y otra de libros, aparentemente, destinados a su propia lectura. Se produce una demora porque la bibliotecaria abandona su lugar. Beate arroja una mirada de curiosidad a la pila de libros de la joven señora. El de más arriba lleva como título *El método Feldenkrais*. Ha oído hablar del tema. ¿De qué se trataba? Algo vinculado con el trabajo corporal, recuerda. Mira brevemente a la señora. ¿Podrá preguntarle? Por qué no. Le dice: "Veo que lleva un libro sobre el método Feldenkrais. ¿Está familiarizada con el tema?". La joven señora parece dispuesta a iniciar una conversación y responde de buen grado. Sí, ella enseña ese método. Rápidamente se entabla entre ambas un interesante diálogo. El trámite con la bibliotecaria pierde toda importancia; ambas lo cumplen, casi sin advertirlo, y continúan la conversación en la antesala de la biblioteca. Un cuarto de hora después se separan satisfechas. Ahora, Beate no sólo sabe a qué se refiere el "método Feldenkrais", sino también que su simpática interlocutora se llama Rita Meyer y que, en el próximo semestre, volverá a dictar algunos cursos en la universidad. Rita ha sugerido a Beate que asista a alguno de ellos.

Una amiga me contó que, en una oportunidad, entabló un diálogo con un desconocido sentado a la mesa vecina de un restaurante, a raíz de un comentario que ella formuló con respecto a una observación que afectaba a ambos. Hacía rato que ella se había apartado de la conversación que mantenían los amigos que la acompañaban y miraba, distraída, en derredor. Después que el vecino y ella hubieron intercambiado un par de breves frases, advirtió que él —sumido en sus pensamientos— golpeteaba rítmicamente la mesa con unas tapitas de cerveza y ella estaba haciendo lo mismo. Con toda espontaneidad, le dijo: "Creo que podríamos formar una orquesta". El le dirigió una mirada interrogativa y ella le explicó que se refería al gesto común de golpetear la mesa con las tapitas. Cuando se presentaron, descubrieron que tenían la misma profesión, sólo que la ejercían en campos muy distintos. Fue una noche muy interesante para ambos.

Lo que mi amiga hizo en forma espontánea, sin advertirlo ella misma, es lo que en psicoterapia se denomina *pacing*. Es decir, para establecer el contacto caminamos unos pasos al mismo ritmo del otro, literalmente hablando.

Supongo que estos ejemplos han estimulado su fantasía y ahora les propongo un ejercicio que nos divierte mucho en el curso.

Ejercicio:

1) Imagine que es un sábado por la tarde y usted se encuentra en una fiesta callejera. En torno a usted reina un grato alboroto. Hay quioscos de cerveza y de salchichas, un lanzallamas exhibe sus habilidades, una orquesta de jazz lo invita a detenerse y a escuchar. Allí descubre a una mujer o a un hombre agradables. Imagine diez posibilidades de establecer contacto y anótelas. Aunque sus ocurrencias le parezcan disparatadas y sepa que usted no haría ni diría jamás eso, anótelo.

2) Imagine que tiene el día libre y concurre a una librería bastante importante. Entre las mesas de libros, descubre a una persona simpática con la cual le gustaría conectarse. Vuelva a imaginar diez posibilidades —pueden ser más— de entablar conversación con esa persona y anótelas.

Mark, un participante de los cursos de 35 años de edad, propuso aprovechar este ejercicio para hacer un *brainstorming* con sus compañeros. En un amable gesto, puso a mi disposición la divertida lista. En un *brainstorming* se anota todo lo que a uno se le ocurre; nada es motivo de censura.

Como situación habíamos elegido, en lugar de "fiesta callejera" y "librería", "supermercado" y "paseo".

1) "Supermercado":

- Me quito la remera y se la regalo.
- "¿Dónde puedo encontrar jabón en polvo?"
- "Hoy tengo intenciones de preparar un guiso. ¿Qué le puedo poner?"
- "¡Hola! ¿Es nueva en el barrio? Yo compro siempre aquí y nunca la había visto."
- Demuestro curiosidad por algo que acaba de comprar.
- Observo que busca algo y le pregunto: "¿Puedo ayudarla?"
- "¿No tiene ganas de hacer un alto y de tomar un café conmigo?"
- Le llevo la mercadería a su casa y mantengo una conversación con ella.
- La sigo con el carrito de compras y, después de un rato, inicio una conversación: "Hace rato que la vengo siguiendo..."
- Retiro una botella de vidrio de un estante, la dejo caer al suelo, y digo: "Usted es tan linda que todo se me cae de la mano".
- "Me gustaría dirigirle la palabra, pero no sé cómo hacerlo."
- "Por favor, ¿me puede prestar dinero para el carrito?"
- Le pido consejo para comprar la carne.
- Le pido prestado un bolígrafo para completar mi lista de compras.
- Me muestro desorientado, como si fuera la primera vez que piso un supermercado y necesitara instrucciones.

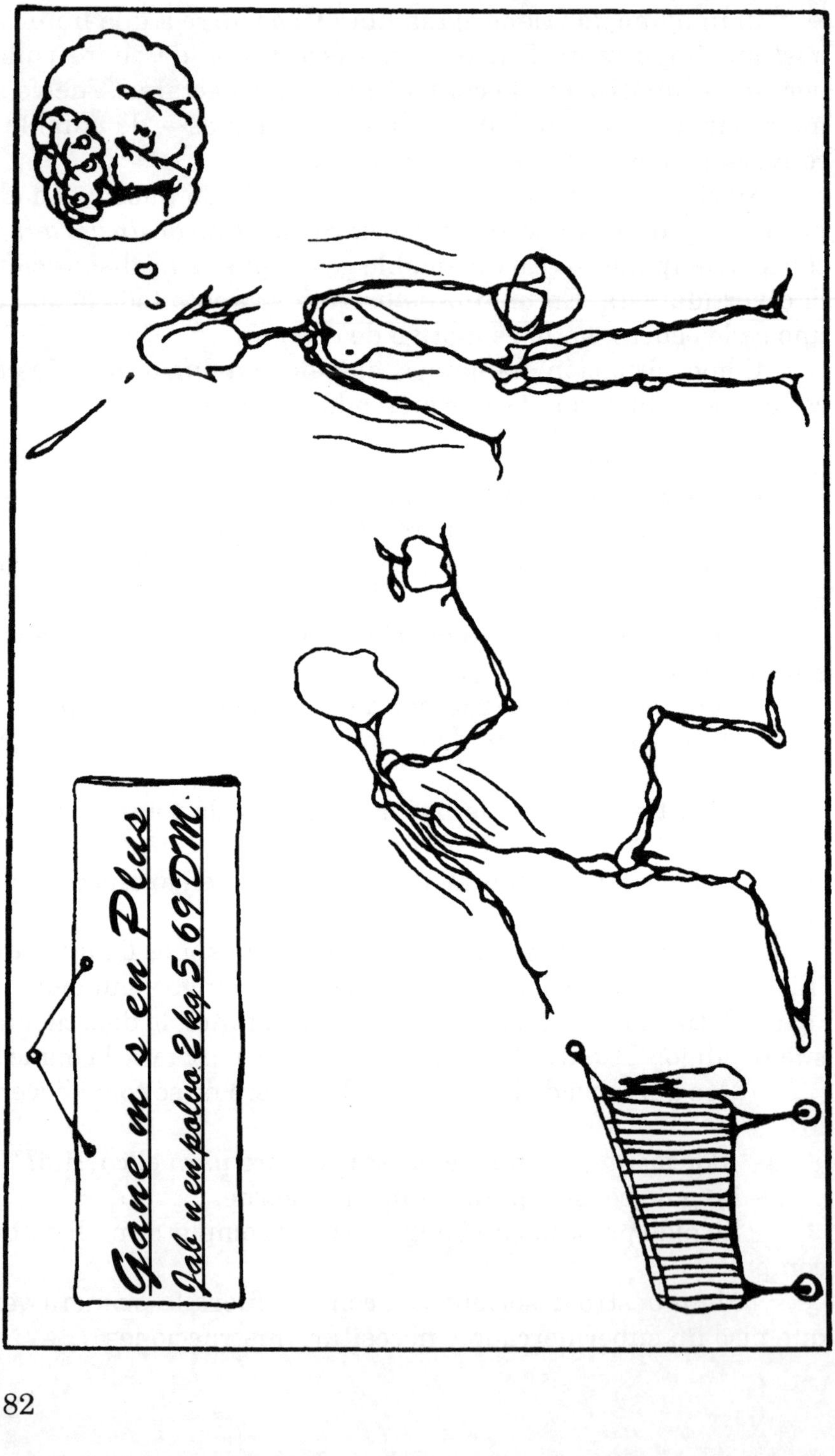
Gane m s en Plus
Jab n en polvo 2 kg 5,69 DM.

- Le pregunto a la cajera si conoce a esa dama.

- A propósito, cambio mi carrito por el de ella.

- Compro las mismas cosas que ella.

- Le ensucio la ropa y le doy mi dirección para que me envíe la cuenta de la tintorería.

- Le ofrezco mi ayuda para transportar las bolsas de compras.

- Terminadas las compras, anoto el número de su patente y averiguo el nombre y la dirección en la oficina de tránsito.

- Si el supermercado tiene un tablero para mensajes, dejo allí una notita divertida para ella.

- Publico una noticia en el diario: "Hace poco, en el supermercado..."

- Le pincho el sachet de leche y le ofrezco pañuelos de papel.

- Le presto dinero.

- Compro un pestillo "Mon Chéri" y se lo regalo.

- Le propongo que nos asociemos para comprar artículos al por mayor.

- En el mostrador de la verdura, dibujo un "Smily" en su mercadería.

- Adhiero a su mercadería una etiqueta de las que dicen "Llámame", con mi número de teléfono.

- Provoco un choque entre su carrito y el mío.

- Le comento un detalle de su vestimenta y le pregunto dónde se puede adquirir.

- Digo simplemente lo que quiero: "Me gustaría conocerla mejor".

- Si lleva una botella de vino en el carrito, le pregunto: "¿Es recomendable?"

- La invito a tomar un café con la excusa: "Tengo que hacer mis deberes para el curso de flirteo al cual asisto".

- La invito a tomar un helado.

- La abordo en la playa de estacionamiento: "Me parece que usted no cerró su auto".

- Le muestro mi llave y le pregunto: "¿Es la suya?"

- Me cuelo delante de ella en la fila de la caja o le cedo mi lugar.

2) "Paseo":

- "¡Hola! ¿Me permite que la acompañe?"
- Me limito a caminar a su lado.
- "¿No es lindo este parque?"
- "¿Me puede decir la hora?"
- Le pregunto el camino o le pido que me recomiende un sector lindo para caminar.
- Me compro un perro y le enseño a seguir a las mujeres bonitas.
- Finjo desmayarme o herirme.
- Me acerco a ella con un pañuelo y le pregunto: "¿Es suyo?"
- La invito, simplemente, a tomar un café.
- "Apuesto a que no consigo convencerla de que tome un café conmigo."
- Me adelanto y trazo una huella con notitas, a la manera de la caza del tesoro.
- Corto flores de los canteros y se las entrego con un comentario, por ejemplo: "Por usted soy capaz de robar".
- Camino detrás de ella sin tratar de llamar la atención.
- Ato una soga entre dos bancos para atajar el camino que ella está recorriendo.
- "Disculpe si la abordo de esta manera; pero tengo que hacer mis deberes para el seminario de flirteo."
- La prevengo acerca de los peligros que la pueden aguardar en el parque.
- Dibujo, con un palo, un corazón en el pedregullo.
- Escribo algo simpático en el camino, usando pétalos de flores.
- Alquilo un avión con altoparlante.
- Me cuelgo un cartel del cuello: "¿Usted también está sola? Llámeme alguna vez por teléfono, mi número es..."
- Le entrego mi tarjeta.
- Coloco un cartel con mi nombre junto al banco en el cual estoy sentado.
- "¿A usted también le interesan las flores?"
- Dejo un libro interesante, con el título bien visible, en el asiento vecino al mío.
- La invito a sentarse junto a mí en el banco.
- Me hago imprimir una remera con una frase original y la llevo puesta durante el paseo.

Por supuesto, no es necesario que lleve a la práctica lo que ha imaginado. Como habrá observado en el ejemplo, este ejercicio consiste, ante todo, en movilizar las ideas y darles libertad. El caso de Mark nos demuestra el efecto estimulante de este ejercicio en la vida cotidiana. Al finalizar el curso nos relató que había invitado a la vecina a cenar. Se había armado su pequeño menú y había preparado una decorativa *carte*, que depositó, a modo de invitación, en el buzón de la vecina. Ella había aceptado.

Hay muchas maneras de ejercitarse en el establecimiento de contactos. Por ejemplo, una buena oportunidad de entrar en contacto con mucha gente es ofrecerse para ocupar un cargo ad honorem en el barrio, en la comunidad o en grupos que practican actividades de tiempo libre. En todas las clases, en todos los seminarios, siempre hay uno o dos participantes que asumen la responsabilidad de recoger los pedidos de libros. En todos los grupos hay alguien que se encarga de sacar y repartir fotocopias. Quien hace eso tiene un buen pretexto para cambiar unas palabras con todos. Al final conocen a todos por su nombre y son conocidos por todos.

Acabo de recordar un pequeño incidente que había olvidado por completo: cuando yo era estudiante, un amigo mío había descubierto, en un supermercado, un vino barato, pero de buena calidad. Compró cajones y más cajones y los depositó en una habitación vacía de mi casa. Contó a sus amigos que había descubierto una buena fuente para obtener un excelente y barato *bordaux* blanco, que se podía adquirir por su intermedio. Según recuerdo, vendía el vino al mismo precio a que lo había comprado, de modo que no había ganancias financieras. Pero se corrió la voz entre sus compañeros de estudio y de esa manera se puso en contacto con muchos de ellos.

Arriésguese al lanzamiento

Una vez que se haya consagrado, en su imaginación, a la manera de establecer contactos —y, sin duda, quede sorprendido de todo lo que se le ha ocurrido—, es posible que tenga ganas de experimentar afuera, en la “realidad”.

Es de suponer que, en su existencia cotidiana, ya se ha

vuelto mucho más receptivo a los contactos. En nuestros cursos, al comienzo de los encuentros, nos dedicamos a recopilar lo sucedido en las semanas anteriores. Aun cuando, algunos de los participantes consideren, al principio, que no han vivido nada especial, por lo general resulta que aquí y allá se ha entablado una agradable charla. Suele necesitarse de la atención del grupo para hacer emerger esos "tesoros". Pues los cambios suelen producirse de manera discreta, nada espectacular, y apenas si son advertidos por el interesado. La valoración de los progresos desde el punto de vista de los demás suele experimentarse como un apoyo y estimula a lanzarse más aún hacia afuera.

La meditación escrita de lo experimentado, tiene un efecto de crecimiento similar. Recomiendo concederse, de vez en cuando, un minuto de tranquilidad para pasar revista a las personas con las cuales se ha puesto en contacto durante los últimos días y qué ha resultado de ello. Escríbalo, aunque le parezca secundario y sin importancia.

Pero también hay situaciones que facilitan la experimentación en forma decisiva.

Ejercicio:

Intercale, de vez en cuando, un "día de investigación". Concurra a lugares a los que nunca ha concurrido. Quizá siempre haya tenido ganas de comer en ese bistró que está a la vuelta de su casa. O quizás haya jugado varias veces con la idea de intervenir en una gira del club de ciclismo local. Es posible que alguna vez lo haya entusiasmado el *catch* o la carrera de los seis días. Decídase. También cuando sus amigos le propongan asistir, en su compañía, a una *vernissage* o a un espectáculo de fuegos de artificio en el campo. Acepte aunque crea que usted no tiene acceso a la pintura y que la fiestas de aldea son aturdidoras. Conozca todo y tome contacto con las personas a las cuales encuentre allí.

Un terreno nuevo suele facilitar la experimentación con formas de comportamiento nuevas y distintas. Porque allí no tiene aún un modelo fijo de comportamiento que le trace el marco de sus actos y omisiones.

Y si, la primera vez, prefiere mantenerse un poco retraído,

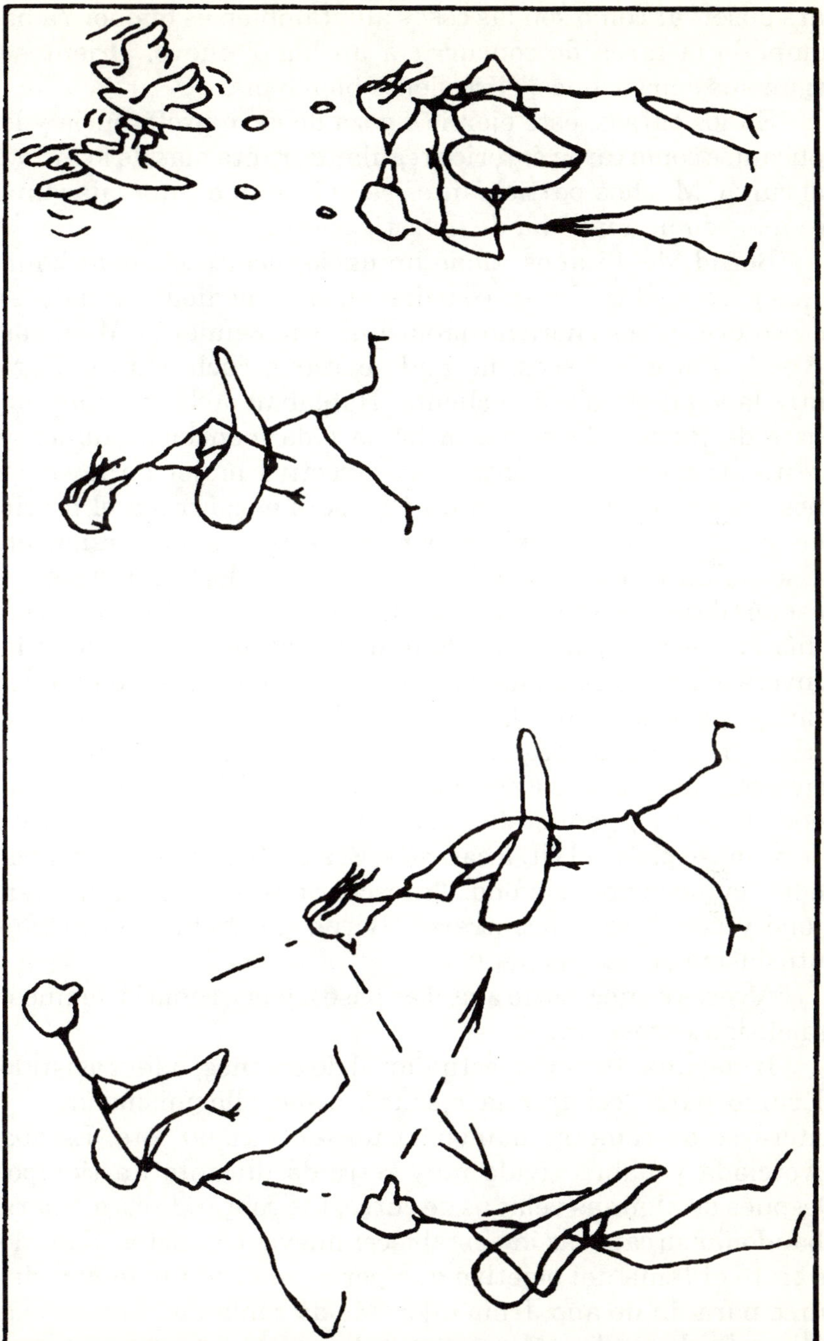

para observar como son las cosas allí, también es bueno. Ya ha cumplido la tarea de concurrir a un lugar nuevo. Oriéntese según sus sensaciones, si se siente bien o mal.

En los cursos, este ejercicio goza de gran preferencia y lo aplicamos como tarea exterior regular durante más de la mitad del curso. Muchos participantes se habitúan a intercalar una vez a la semana un "día de investigación".

Bernd, de 43 años, tiene un oficio técnico. Aprovechó la tarea para visitar, durante su descanso de mediodía una librería esotérica. A esa hora no había mucho movimiento. Mientras revolvía libros y discos, no pudo evitar escuchar un diálogo entre la vendedora y una clienta. Hablaban de la "terapia con flores de Bach". Bernd no la había oído mencionar nunca y prestó atención. La clienta, una atractiva mujer de unos 30 años, estaba interesada en un CD; pero encontraba el precio demasiado alto y quería saber si no existía la versión en cassette. La vendedora se lamentó de no poderla satisfacer y, después de un rato de charla, la clienta abandonó el local. Bernd tenía curiosidad por saber de qué se trataba. A través de la conversación había creído entender que la joven entendía del tema y que era clienta habitual del lugar. Reunió coraje y se dirigió a la vendedora. Le confesó que había escuchado la conversación y que estaba interesado en el CD. Mientras la vendedora lo empaquetaba, Bernd le entregó una tarjeta suya y le propuso pasar el CD a cassette. Si a la clienta le interesaba, podía llamarlo por teléfono. Transcurridos unos días, la joven llamó y acordaron encontrarse. Bernd nos habló con mucho entusiasmo de ese encuentro.

A veces es necesario avanzar paso a paso, como lo demuestra el siguiente ejemplo.

Irma, una consejera estudiantil de 35 años, había asistido al curso para "echar una ojeada", como ella misma dijo, y enterarse de cómo se manejaba un tema como éste. Estaba divorciada y había vivido muy retraída durante un tiempo. Después de algunas veladas de curso, fue cobrando coraje para abandonar su caparazón y establecer nuevos contactos. Cuando se trató el tema del objetivo que perseguía cada miembro del curso para fin de año, Irma dijo: "Me da rabia no animarme a salir sola de noche. Me gustaría llegar a un punto en que pudiera ir sola a un bar y sentarme en la barra e iniciar un diálogo con alguien. Si con el primero no resultara, me gustaría tomarlo con toda naturalidad y ser capaz de volverme a otro". Nosotros le advertimos que quizá se estuviera exigiendo demasiado para una vez. Le sugerí que avanzara paso a paso y dividiera su meta en etapas individuales. Dado que, por el momento, experimentaba cierto miedo a cruzar el umbral de un bar, teníamos que empezar por buscar la forma de que concurriera sola a un bar. Quizá pudiera hacerlo si supiera que, transcurrido un cuarto de hora, llegaría alguien conocido. Otra participante, con el mismo problema, se ofreció a adoptar el papel. A la semana siguiente nos informaron que Irma había entrado sola al bistró, un cuarto de hora antes de la hora fijada, se había sentado a la barra y había pedido una bebida. Eva, su compañera de experimento, había llegado después y se había sentado a una mesa, más atrás. Su tarea consistía en permanecer allí sola mientras durara su bebida. Después habían salido juntas del bistró y se habían ido a comer. Comentaron que habían vivido la situación como algo extraño, artificial. Pero habían logrado su meta y se sentían orgullosas.

Luego Irma se puso a disposición de Rolf, a manera de *sparring*. Rolf tenía ganas de entrar alguna vez solo a una discoteca y aún no se había animado. Se pusieron de acuerdo: ella llegaría más tarde y se reuniría con él. Todos la contemplamos con admiración cuando, a la semana siguiente, nos relató su experiencia. Al entrar a la discoteca había advertido que había llamado la atención a un joven muy agradable y éste había formulado algún comentario sobre ella a su compañero. Había mirado un poco en torno de ella y, al no descubrir en seguida a Rolf, se había acercado al joven y le había dicho que entraba allí por primera vez y no se animaba a llegar sola a la pista de baile, y si él podía acompañarla. El joven se mostró gratamente sorprendido de que hubiera recurrido a él e hizo de buen grado lo que le pedía. Las sensaciones desagradables son siempre indicio de que debemos modificar en algo nuestra situación. Rosi, una empleada pública de 47 años, dice: "Cuando voy a algún lugar sola, tengo que acercarme a alguien, de lo contrario sigo sola. Y cuando estoy sola entre mucha gente, siento la soledad más que nunca". Esa sensación de malestar que experimenta cuando está entre mucha gente, puede ser un motor que la impulse a superar sus inhibiciones y a establecer contacto. Quizás usted sea una de esas personas que ha vivido con frecuencia la siguiente situación. Ha permanecido un rato a solas delante de su bebida y no se ha animado a establecer contacto con alguien. Es posible que piense acerca de sí mismo: "Soy demasiado tímido, demasiado corto de genio", etcétera. Pero, visto desde otro ángulo, usted es alguien capaz de soportar esa tensión. ¿Y acaso no es ésa una buena condición para acercarse a alguien? No es forzoso que entable un diálogo con el primero que pasa. Usted es capaz de esperar y eso le da libertad de elección: puede quedarse solo u observar si no hay alguien cuya compañía pueda resultarle grata. El poder de elección, el saber que uno puede decidir, hace más cómoda la situación.

¿Cuántas veces ha pensado: "Me gustaría..., pero no me atrevo"? Casi siempre se instala un miedo inicial, más o menos intenso, cuando queremos pisar un terreno aún desconocido. No diga: "Nunca podría hacerlo"; diga: "Nunca estuve allí y no estoy familiarizado con el terreno". Y luego medite bajo qué condiciones le resultaría más fácil probar algo nuevo.

A lo mejor tiene ganas de jugar alguna vez al squash o conocer lo que es un baño sauna. Como nunca lo ha hecho, no puede saber aún qué le ocurriría. En todas partes existen determinadas reglas y costumbres que, por lo común, se llegan a dominar rápidamente. Uno puede facilitarse el primer paso en un terreno nuevo, si va acompañado de alguien para quien ese terreno ya es familiar. Un amigo o una amiga le harán, sin duda, el favor de servirle de pez piloto. El no conocer algo no es una vergüenza y no incidirá en el respeto que siente por usted su amigo. Todo lo contrario, cuando uno se deja ayudar en este determinado sentido, está creando un vínculo con otra persona y no se convierte en un ser desvalido. Sus amigos se alegrarán de darle cabida en un aspecto de su vida y de contribuir a que sus horizontes se amplíen. Eso ampliará también el campo de sus intereses en común. Conozco a mucha gente que, por miedo de depender transitoriamente de alguien, ni siquiera intentan conocer algo nuevo.

Es posible que usted ya haya salido, ocasionalmente de noche, con un amigo o amiga, con la vaga esperanza de conocer a alguien y de flirtear un poco. Pero luego han pasado la velada entera centrados en sus respectivos problemas y comentando lo difícil que es establecer contactos nuevos. Es aconsejable ponerse antes de acuerdo en si van a beber una cerveza y a charlar de sus problemas o si se van a prestar mutuo apoyo para nuevos encuentros.

Helga, una dietista auxiliar de 33 años de edad, y Claudia, una secretaria de 36 años, decidieron una noche ir a una cervecería para ver si se daba la ocasión de un flirteo. Podría decirse que emprendieron una expedición en común. Para comenzar, se instalaron junto a un mostrador, desde el cual se tenía una visión panorámica. Transcurridos unos minutos, Claudia estableció un contacto visual con un hombre sentado a una mesa y acompañado por otra mujer. Helga encontró la mirada interesada de dos hombres que conversaban entre sí. Cuando, más tarde, se desocuparon los lugares frente a los dos hombres, Helga y Claudia les preguntaron si les permitían sentarse allí. Muy pronto se armó una conversación entre los cuatro. En el transcurso de la velada se les añadió el hombre con el cual Claudia había flirteado a la distancia y cuya conocida se había retirado en el ínterin. Para terminar, todos intercambiaron sus números telefónicos. Claudia y Helga comenzaron a concurrir con más asiduidad a la cervecería y conocieron a los amigos de sus primeros compañeros de mesa. Poco a poco entraron en contacto con más y más gente que, como ellas, se reunían regularmente en aquel establecimiento. A las dos se les fue haciendo cada vez más natural el hablar con otros parroquianos que ya conocían de vista. Con el correr del tiempo se formó así un grupo creciente de conocidos.

7

¿Qué nos impide flirtear?

Nuestra vida diaria nos ofrece múltiples posibilidades de encuentros más o menos prolongados. Mientras nos consagramos a nuestras ocupaciones, podríamos cargar siempre y en todas partes un poquito de alegría de vivir. Esta surge de intercambiar simpatía con los demás o de sólo transmitirnos, mediante una sonrisa o una palabra, un “Gracias por existir”. Con esa pequeña dosis de tónico podríamos afrontar con mayor serenidad la solución de los muchos pequeños y grandes problemas que forman parte de nuestra vida.

En lugar de eso, corremos de un trámite a otro, miramos el reloj en vez de mirar a la gente con la cual tratamos, y nos impacientamos ante la menor demora. La espera de un tren o del turno en el médico es una carga, y empleamos ese “vacío” en irritarnos, en lugar de disfrutar del rato libre y de aflojar, por un momento, las riendas y permitirnos un pequeño intercambio de unidades de caricia.

¿Qué nos impide aprovechar lo que nos ofrece el aquí y el ahora?

Sin duda, a veces queremos estar simplemente en paz. Cuando nuestro trabajo nos somete a una fuerte presión, cuando nos encontramos bajo el efecto del estrés o buscamos con urgencia la solución de algún problema difícil, cuando hemos sufrido un rudo golpe del destino, como el de perder a un ser querido, necesitamos todas nuestras fuerzas para superar el momento y no nos quedan ganas de entablar una charla insustancial.

Cuando hemos vivido una experiencia muy fuerte o nos ha

sucedido algo hermoso, que sigue absorbiendo nuestros pensamientos, también nos aislamos del mundo exterior. Pero en esos momentos no necesitamos de nada nuevo, porque estamos consagrados a revivir la experiencia o a elaborarla. Quizá prefiramos conservar eso para nosotros y no compartirlo con nadie.

Otras veces nos levantamos "con el pie izquierdo", estamos de mal humor o experimentamos autoconmiseración, porque todo parece conjurarse contra nosotros... empezando por la cafetera que se nos volcó al preparar el desayuno.

Hay, pues, estados de ánimo que paralizan momentáneamente nuestro placer de establecer contacto, simplemente porque en ellos no hay lugar para jugar con el instante.

Pero cuando recorremos nuestro camino, durante largo tiempo, tristes y solitarios, y pasamos meses sin ninguna experiencia refrescante de flirteo, debemos empezar a pensar si nuestras ideas sobre nosotros mismos y sobre los seres que nos rodean no han creado barreras que entorpecen nuestra visión.

Aun cuando lo haya afectado la muerte de un ser querido o deba superar una crisis matrimonial o un divorcio o tenga graves problemas financieros, uno no debe aislarse demasiado de los demás. Precisamente en los momentos de crisis, una sonrisa cálida, una palabra amable y una breve charla sobre temas cotidianos pueden actuar como un bálsamo sobre la mente en tensión. Por supuesto, un breve flirteo no puede reemplazar una relación estrecha. Pero puede ser un rayito de sol para usted y ayudar a afirmar la esperanza de que, en algún momento, esté en condiciones de establecer relaciones nuevas y distintas.

Miedos e inhibiciones

Una de las ideas que pueden mantener a las personas permanentemente alejadas de los demás, es la de que son demasiado tímidas como para atreverse a establecer contacto con un desconocido.

¿Cómo se manifiesta la timidez?

En primer lugar se trata de una creación mental del propio afectado. Porque los demás no se dan cuenta, a primera vista, de si una persona es tímida o no. Si alguien se muestra reservado en el primer momento, eso no es un signo de timidez. Hay personas que necesitan un poco de tiempo para entrar en confianza, sea donde sea. El tímido cree que los reflectores de la atención general se concentran en él no bien atraviesa una sala llena de gente o toma la palabra en un grupo. Teme tartamudear, ruborizarse y atascarse en medio de una frase, no bien procura salir de sí mismo. Como la sola idea de que le ocurra eso le resulta penosa, evita de entrada esas acciones, siempre que le sea lo posible. De esa manera limita en forma drástica su horizonte de experiencias. En el fondo, lo que le falta es una cierta destreza social, que sólo se adquiere a través del ejercicio. Quizás ha conocido a alguien que lo ha impresionado con sus maneras particularmente fluidas y lo ha hecho sentir torpe. O se ha dejado intimidar por la elocuencia de alguna persona ávida de admiración. ¿Quién no se ha sentido, alguna vez, temeroso e inseguro en un lugar poco familiar? Quien se siente en extremo tímido, ha extraído, de esas situaciones incómodas, la conclusión de que en él hay algo que falla. No ha tenido en cuenta que la situación puede haber sido, quizás, un poco desafortunada porque existían tensiones ocultas entre los demás participantes, o que había dado con un interlocutor que necesitaba destacarse por alguna determinada razón.

Recuerdo a Angela, una joven que experimentaba timidez ante determinadas personas, justamente ante aquellas que más le interesaban. Prefería acercarse a quienes ejercían poco o ningún atractivo sobre ella. Temía ruborizarse ante los otros y que ellos vieran en el rubor una muestra de su interés. Cuando le propuse recordar las situaciones en las cuales alguien se había ruborizado en su presencia y qué había sentido ella, qué había pensado, la idea perdió su carácter ominoso.

El rubor es algo que surge espontáneamente, no tenemos control sobre él. Llega y se va. Es una expresión viva de lo que ocurre en nosotros. En el caso de Angela era un signo de cortedad ante personas que a ella le hubiera gustado tratar. ¿Qué tiene de malo demostrar interés por alguien? El esfuerzo por mantenerse siempre *cool* y no demostrar sus sentimientos, en cambio, puede llevar a que no se produzcan contactos prometedores.

El miedo de los tímidos proviene, por un lado, de una exigencia poco realista impuesta a sí mismos —por ejemplo la de que todas sus palabras y actuaciones sean brillantes— y a los demás —la exigencia de que todos queden encantados con ellos— y, por el otro lado, del temor a que sus sentimientos sean rechazados. Un interés relativo y una amabilidad tierna y cauta significan para ellos rechazo.

Las personas tímidas están tan preocupadas por lo que deberían ser, de acuerdo con su propia opinión, que no llegan a percibir que muchos otros individuos tampoco son tan independientes, ejecutivos y brillantes. Se puede crecer y dejar atrás la timidez superando las inhibiciones mediante una acción cauta, que tenga en cuenta las propias limitaciones, y desprendiéndose de ideas tan poco realistas como la de que los demás nunca experimentan cortedad ni se sienten inseguros.

Pero la gente que no se considera tímida también tiene miedo de que su amable oferta de flirteo sea rechazada. ¿Acaso no existe siempre el peligro de ponerse en ridículo cuando uno se acerca a alguien en tono juguetón? Por prudente que sea el intento de acercamiento no desaparece por completo el riesgo de que esa belleza que nos dirigía una sonrisa incitante desde lejos, nos dé vuelta la cara cuando intentemos entablar conversación. Pero no es tan corriente que alguien reciba una ducha helada como la que recibió un participante de los cursos. Hacía buen rato que miraba a una joven en una discoteca, cuando se decidió a cruzar la pista de baile y acercársele. "Me gustaría conocerte mejor", le dijo y, por toda respuesta, recibió una bofetada.

En los cursos de flirteo se suele comentar lo molesto que puede resultar que alguien nos observe cuando estamos flirteando. Más de uno querría obtener una receta de flirteo completa y con funcionamiento garantido, para no cometer ningún error. Pero todos somos falibles y puede ocurrir que hagamos un papelón o que, en el fragor del combate, "metamos la pata". Cuando nos acercamos a una persona desconocida, no sabemos aún cuáles son sus puntos sensibles y es muy posible que demos con uno de ellos. No es una tragedia; los errores se corrigen. Por nuestra parte, no debemos tomar a mal una ofensa involuntaria infligida por el otro y sí debemos advertirle que ha rozado uno de nuestros puntos vulnerables. Póngase en el lugar de una mujer que, con gran esfuerzo, se ha decidido a dirigir la palabra a su agradable vecino de barra. Y resulta que él le responde con voz helada: "¿Quieres hacer un levante?" ¿Qué posibilidades tenemos de sacar provecho de esa situación? Por supuesto, una se puede retirar, ofendida. Pero también puede emprender la huida hacia adelante y desarmarlo con un "¡Por supuesto!" Además podría señalarle que simplemente se trataba de un breve diálogo y añadir que semejante reacción no invita a proseguir el contacto. Una mujer muy valiente puede responder al rechazo con un obsequio: "¿Puedo invitarte con una cerveza?" La elección de una de estas posibilidades depende de lo que usted considere apropiado en cada situación. En eso desempeña un papel importante su intuición sobre el carácter del otro y también su propio estado de ánimo.

No todo es, siempre, lo que parece ser a primera vista y en todo caso existen varias posibilidades de elección para manejar lo que nos viene del otro.

Ejercicio:

Ahora le voy a proponer otra pequeña tarea. Tome su libreta de flirteo y responda a las siguientes preguntas:

1) ¿Qué habla a favor de mi comportamiento reservado, cauto? ¿Qué me ahorro al comportarme así?

2) ¿Qué habla a favor de mi renuncia a esa actitud reservada y del intento de probar otras formas de comportamiento en el trato con los demás? ¿Qué puedo ganar con ese intento? ¿Qué arriesgo con probar? ¿Qué espero de mi cambio de actitud?

"Creaciones mentales"

> "Lo sé y lo afirmo:
> El mundo no es tan malo.
> Y ya llegará el día,
> en que el mundo me dé la razón."
>
> Frantz Wittkamp

Hemos hecho experiencias con otra gente. Cuando nos enfrentamos a la pregunta: "¿Debo dirigirle la palabra a ese desconocido?", emergen dudas de todo tipo: "Quién sabe con quién me estoy metiendo"... "Tiene un aspecto medio raro"... "Los hombres atractivos siempre son mujeriegos", etc. Si nos detenemos a pensar, comprobaremos que la mayoría de nuestras reservas no se basan en experiencias reales sino en prejuicios. Así es: la gente que vive muy retirada, se forja ideas acerca de lo que otros son. Es como si frenáramos, en la puerta de nuestra casa, los impulsos que deberían acercarnos a otros. Y allí, esos impulsos dan la media vuelta y comienzan a actuar sobre la imaginación. La gente solitaria, aislada, se ocupa sólo de sí misma... y es lógico que se produzca una distorsión de su propia imagen. Pensemos que esos individuos vuelcan sobre sí toda la energía disponible para establecer una red de relaciones. Es como si se miraran a través de una lupa. Otra posibilidad es que desarrollen, en torno a los pequeños e inevitables encuentros con otros, una densa red de ideas acerca de lo que puede estar por detrás del comportamiento observado en las personas.

Un ejemplo de Paul Watzlawick describe este hecho con mayor claridad:

> Un hombre quiere colgar un cuadro. Tiene un clavo, pero no tiene martillo. El vecino tiene uno, de modo que nuestro hombre decide ir a casa del vecino y pedírselo prestado. Pero surge la duda: "¿Y qué pasa si el vecino no me quiere prestar el martillo? Ayer me saludó muy al pasar. Quizás haya estado apurado. Pero también puede ser que el apuro haya sido simulado y que tenga algo en mi contra. ¿Y qué puede ser? Yo no le he hecho nada; vaya a saber lo que ha imaginado. Si alguien me pidiera prestada una herramienta yo se la daría sin vacilar. ¿Y por qué él no? ¿Cómo puede negar al prójimo un favor tan simple? La gente como este tipo le amarga a uno la vida. Y, encima, cree que yo dependo de él. Sólo porque tiene un martillo. Eso es el colmo". Y en ese estado de ánimo corre hasta lo del vecino, toca el timbre, el vecino abre la puerta, y sin darle tiempo a decir "Buenas tardes", le grita: "¡Guárdese su martillo, pedazo de avaro!"

¿Qué sentido tienen esas ideas, esas fantasías? Al imaginar este tipo de historias, procuramos adelantarnos mentalmente a una situación y prepararnos para algo desagradable. Queremos protegernos del dolor anímico, de las ofensas y del malestar. En la historia que acabamos de relatar se pone de manifiesto que esas fantasías adquieren vida propia y tienen consecuencias. ¿Cómo supone usted que ha de reaccionar el vecino ante esa aproximación? De más está decir que no va prestar amablemente su martillo. Es posible que pase del desconcierto al enojo. Y, para el cauto señor que necesita el martillo, ésa sería la prueba de que el vecino tiene algo en contra suya.

Cuanto menos nos mantengamos en contacto directo con otra gente, tanto más cautelosos y sensibles nos volveremos. Bastará con un "¡Tenga más cuidado!", lanzado de mal humor, cuando cometemos una torpeza involuntaria, para ofendernos e inducirnos a volver al amparo de nuestro caparazón. Si se tiene un poco más de práctica en el trato con otra gente, uno se vuelve con un simple encogimiento de hombros; quizá, piense: "¿Qué bicho le habrá picado a éste?" y asunto terminado. Con toda seguridad, el incidente no le arruinará el día.

Por cierto, no toda persona a la cual le queremos obsequiar una mirada amable o a la cual le formulamos una oferta de flirteo, estará dispuesta, en cualquier momento, a aceptarlo. Las probabilidades de que el otro reaccione amablemente o nos rechace, son parejas. Pero ¿por qué tenemos que partir siempre de la base de que nos van a rechazar? Por encima de todo, la "historia del martillo" demuestra que nuestro comportamiento influye sobre la reacción del otro.

Todos conocemos a esos seres venturosos a cuyos encantos nadie parece poder resistirse. Cuando ellos entran, entra la vida. Hay bromas y risas, y la gente parece sentirse atraída hacia ellos como por un magnetismo. Quizás usted piense "son unos pocos elegidos". Con toda seguridad hay personas alegres y compradoras por naturaleza. Pero el encanto se puede desarrollar. ¿Qué es lo que hace a esas personas tan atractivas? Si uno las observa bien no están, necesariamente, dotadas de una gran belleza o de otras cualidades destacadas... Por otra parte, las personas muy bellas suelen provocar efecto de frialdad, de algo inalcanzable... En el caso de la gente dotada de encanto se habla de "irradiación", que se manifiesta en una mirada viva, un interés por el prójimo, en una sonrisa fácil. Eso expresa una actitud de amabilidad y de afecto hacia sí mismo y hacia el mundo. Esas personas están de acuerdo consigo mismas; están seguras de que tienen aspectos dignos de ser amados y son tolerantes con sus propias debilidades y con sus propios errores.

Creen en sí mismas. Transmiten a los demás la sensación de que son como deben ser, simpáticos y dignos de ser conocidos.

Su actitud es lo opuesto a la actitud desconfiada de quien espera siempre algo malo. "El eco repite lo que se grita" es el principio activo. Si uno se dirige a alguien con amabilidad, es difícil que el otro responda en otro tono.

Si somos honestos, deberemos admitir que en todos nosotros hay un solitario que mira a los demás con desconfianza y envidia. Quizá sea ese niño solitario que llevamos en nosotros, que a veces se mantuvo aparte del juego de los demás.

Ejercicio:

Tome su libreta de anotaciones y relájese. Imagine que, en un rincón de su alma, está ese niño solitario. Dirija su atención a ese ser triste y encogido. ¿Qué aspecto tiene? ¿Qué edad tiene? ¿Cuál es su actitud física? Póngase en su lugar. Acérquesele con cautela. Usted sabe que está un poco acobardado y, por eso, es miedoso. Hable con él y pregúntele qué teme, qué necesita y qué desea. Permítale que se exprese por escrito.

¿Por qué nos rechaza alguien?

No podemos saber lo que está sucediendo en el interior de otra persona. No se puede excluir por completo el riesgo de no llegar a la otra persona con nuestra amable oferta de contacto, de que esa persona nos deje afuera, bajo la lluvia, de que nos dé calabazas. Sin duda es desagradable para cualquiera el rechazo de lo que se está ofreciendo con la mejor de las intenciones, la pequeña unidad de caricia. El asunto es qué conclusiones extraemos de esa experiencia. ¿Será, realmente, que hemos ofrecido algo carente de todo valor? ¿O será una prueba de que nosotros no valemos nada como personas y hasta provocamos rechazo?

Si usted entabla una pequeña conversación con un compañero de viaje, en el tren, en primera instancia, eso no es más que una propuesta de pasar el tiempo compartido de manera agradable, sin compromiso de ninguna especie. El otro no sabe nada de usted, aparte de lo que puede percibir en ese instante. De él depende el significado que otorgue a su acercamiento. También lo que piensa de usted es cosa suya.

En una oportunidad hice una lista de posibles causas por las cuales alguien no puede aceptar su inocente oferta de contacto, sea donde sea.

- Es tímido.

- Se siente en inferioridad de condiciones, es inseguro y tiene miedo de la gente.

- Teme decepcionar y no se atreve a entregarse al juego del instante.

- En principio, sólo se interesa por la gente que le parece inalcanzable e inaccesible.

- Es ciego a todo intento amable de aproximación por parte de otro, porque cree que los contactos sólo pueden producirse por su iniciativa.

- No sabe valorar las pequeñas e inesperadas alegrías de la vida cotidiana; para él sólo cuenta lo especial, lo grandioso.

- Es un prisionero de sus prejuicios, se limita a arrojar una mirada a su interlocutor y cree apreciar así si el contacto vale o no la pena.

- Es una mujer lanzada intensamente a la búsqueda de su "príncipe azul" y éste tiene que medir uno noventa y cinco y ser rubio. Usted mide uno setenta y seis y tiene pelo oscuro.

- Es un hombre que ha puesto grandes expectativas en los contactos, tiene miedo de experimentar una decepción y por eso prefiere no entablar una charla intrascendente.

- Es un hombre que aguarda, desde hace años, el gran amor y considera que no debe perder tiempo en un flirteo pues el amor a primera vista es un fenómeno natural.

- Es una mujer que arrastra restos de su pudor virginal y supone que si un hombre le dirige la palabra "sólo busca una cosa".

- Es un hombre que parte de la base de que todo flirteo debe desembocar en el sexo y no está de humor para eso.

- Es una mujer que se considera a sí misma una especie de Scarlett O'Hara y le gusta rechazar, con actitud orgullosa, todo intento de aproximación.

- Es un hombre que, momentáneamente, no está abierto, porque acaba de enterarse de su fracaso en un examen.

- Es una mujer preocupada por su hijo enfermo.

- Es una mujer sobreexigida y siente que "todos pretenden algo de ella".

- Es un hombre con dolor de muelas o que viene del dentista, un poco atontado por la inyección de anestesia.

- Se trata de un hombre que acaba de ser abandonado por una mujer muy amada y no se le pasa por la cabeza que usted lo encuentre simpático.

- Es una mujer que acaba de tener un disgusto con su marido.

- Es una mujer que sólo quiere coquetear; le basta con una mirada de deseo para sentir que todavía tiene "oportunidades"... También hay hombres coquetos.

- Es un hombre que va rumbo a una cita de amor y ya está con sus pensamientos en ella.

- Es una mujer que vuelve de una cita de amor y su sonrisa radiante es un resplandor de su experiencia, no está destinada a usted.

- Es un hombre con escrúpulos morales y opina que, como hombre casado, no puede flirtear.

- Es una mujer "decente", que no admite ser abordada en público.

- Ese hombre no puede interpretar sus señales porque es corto de vista y su mirada soñadora se debe a la miopía.

- Es un cínico o un hombre que sólo acepta contactos que "producen algo", ya sea ventajas económicas o rebajas de precio. Y usted no tiene aspecto de tener contactos con un diseñador de muebles.

- Odia a las mujeres.

- Esa mujer odia a las de su sexo y considera que sólo los hombres le pueden brindar algo.

- Es una feminista declarada y odia a los hombres que le dirigen la palabra sin conocerla.

- Es un hombre en extremo desconfiado y no puede imaginar que usted sea amable con él sin segunda intención.

- Es una mujer que padece delirio de persecución.

- Es un hombre distraído y está absorto en la solución de un problema científico.

- Ese hombre acaba de enterarse de que sus acciones han bajado de manera espectacular.

- Está apuradísima, acaba de sufrir una demora y no sabe si llega a tiempo a una entrevista para un trabajo nuevo.

- Ese hombre está ensimismado en un profundo diálogo consigo mismo.

- Quedó tan fascinado por usted, a primera vista, que se ha quedado sin habla y como paralizado, incapaz de cualquier reacción.

No lo tome como algo personal

Las experiencias ingratas son inevitables. Lo decisivo es si usted se las toma a pecho y se acobarda en sus intentos de contacto o si logra dejarlas pasar. La forma de manejar un rechazo está en sus manos. Ese rechazo puede ser motivo de interminables meditaciones acerca del "error" que ha cometido o usted lo puede considerar como una buena oportunidad para adoptar una actitud, que le sirve de ayuda general, para enfrentar los fracasos. De esa manera, la superación de un rechazo se convierte en un ejercicio y se puede extraer un beneficio de esa experiencia.

Pero, sobre todo, no lo tome como cosa personal. De la lista que acabamos de leer puede deducir que los motivos del comportamiento del otro pueden deberse tanto a una actitud básica como a un estado de ánimo momentáneo. Su propio comportamiento sólo fue el desencadenante de la reacción. Y si usted se mantuvo dentro del marco de la cortesía y no ocultaba una mala intención, importa poco que el otro se la atribuya.

Martin Seligman, un sociólogo estadounidense cuya especialidad es la investigación de las motivaciones, subraya lo importante que es, para nuestra calidad de vida, la actitud ante las experiencias ingratas. Los resultados de sus investigaciones demuestran que la gente con actitud optimista lleva una vida más plena, agradable y fecunda que los pesimistas. Las mentalidades se dividen según la forma en que enfrentan los sucesos infortunados o el fracaso de planes. Quienes ven lo ingrato como algo pasajero, sólo vinculado con esa situación en especial y condicionado por circunstancias externas, no tardarán en superarlo y volverse hacia algo que los haga felices. Pero quienes tomen un fracaso —como puede ser el de ser rechazados en un intento de aproximación— como ocasión para pensar "a mí siempre me ocurren estas cosas... soy un perdedor... hay algo en mí que no funciona bien", sufrirán más y tardarán más en recuperarse.

Los modelos de explicación, de acuerdo con los cuales clasificamos nuestras experiencias, son modificables. Martin Seligman opina que el optimismo puede aprenderse. El hecho de ponerse a pensar en los motivos que puede tener alguien para adoptar un comportamiento de rechazo hacia nosotros, que nada tengan que ver con nuestra persona, es un paso en el camino hacia la actitud optimista.

Severin, mi sobrino de 9 años, es un buen ejemplo de actitud optimista. Viajar con él es siempre, para mí, una experiencia entretenida. Es despierto y curioso, y todo lo que lo rodea le interesa. Informa, en forma casi ininterrumpida, lo que está observando, y formula preguntas sobre el asunto. Su manera de encarar a la gente es, todavía, totalmente libre. Por ejemplo, en una ocasión, estábamos parados en la plataforma de un tren interurbano y le preguntó al conductor de la locomotora, quien acababa de asomar la cabeza por la ventanilla, si le divertía andar todo el día por la misma zona. El conductor se mostró muy amable e intercambió unas palabras con el niño. La mayoría de las personas reaccionan favorablemente a su modo simpático y espontáneo de encarar las cosas; pero hay ocasiones en las cuales alguien no reacciona. Severin deja de lado a esa persona y se vuelve hacia el próximo suceso o individuo. Para él, el mundo parece estar lleno de cosas interesantes y de gente amable, de modo que los malhumorados, los seriotes, los demasiado adultos que insisten en mantener distancia, no tienen peso.

¿En qué me estoy metiendo?

> "Señor, el peligro es grande,
> los espíritus que conjuré,
> ahora no quieren dejarme."
>
> J. W. Goethe, *Fausto*

En los cursos de flirteo, las mujeres suelen argumentar

que no se animan mucho a flirtear por temor a enredarse en algo que ellas no buscaban.

¿De qué puede tratarse? ¿De exponerse a caer en las garras de alguien que les haga el cuento del matrimonio o de enamorarse perdidamente de un mujeriego inveterado? ¿De que las violen y las rapten, o de que caigan en trance y despierten para encontrarse casadas con un hombre al cual no aman?

En este argumento en contra se pone de manifiesto un aspecto del juego, que nos parece encantador, pero que no deja de tener sus peligros. Cuando establecemos un intercambio vital damos lugar a emociones imprevisibles. Podemos llegar a sorprendernos ante nosotros mismos y ante la situación que se ha producido. Lo encantador del flirteo es, precisamente, su explosividad, la vibración de posibilidades nuevas. Experimentamos un hálito del poder de Eros. En el toma y daca del juego, podemos superar un límite a partir del cual el juego se transforma en algo "serio", es decir, se transforma en realidad. Eso puede traer consecuencias. Podemos pasar a jugar con fuego, podemos enamorarnos realmente o, en el fragor del combate, vernos dominados por el deseo de entregarnos por completo al instante y admitir una experiencia sexual aquí y ahora, sin tener en cuenta nuestros compromisos y principios.

Por lo general las mujeres que participan en mis cursos no reconocen el peligro de verse arrastradas por sus propios deseos. Más bien temen que el compañero de juego abandone el partido y confundan la disposición que ellas han mostrado ante el flirteo, con un intento de acercamiento más concreto.

Pero ¿es verdad que al iniciar un flirteo hemos dado la señal de partida para un *affaire*? Si el otro extrae esa conclusión es cosa suya. Aquí no tiene vigencia aquello de que "quien dice A debe decir también B". En cualquier momento tenemos la posibilidad de volver a poner distancia, de trazar límites y de decir con toda claridad "hasta aquí llegamos".

En mi opinión las complicaciones involuntarias y los malentendidos se producen cuando no estamos en claro acerca de nosotros mismos y de nuestras expectativas. ¿Quién no ha conocido algún hombre o alguna mujer que envían intensas señales eróticas, flirtean de manera descarada y luego se sorprenden y se horrorizan al verse envueltos en una desdichada aventura amorosa? Esto me recuerda el caso de una muchacha en particular. En su trabajo estaba vinculada con hombres de toda edad. Tenía una figura muy bien proporcionada y tenía debilidad por los vestidos ajustadísimos y las minifaldas superbreves. Ocasionalmente permitía que el encaje de su sostén asomara del profundo escote. Por lo visto, no tenía idea de los efectos que provocaba. Siempre se mostraba indignada ante los intentos de aproximación, más o menos torpes, de los que era objeto. Por eso había adquirido una técnica de rechazo extremadamente violenta. Sin saberlo, se comportaba como una especie de Circe moderna: atraía a los hombres para luego transformarlos en cerdos.

No podía aceptar su propia necesidad de confirmación erótica y la había excluido de sus pensamientos conscientes con el argumento de que "lo que no debe ser, no puede ser". Pero su perceptible afán de vestirse de manera extravagante ponía de manifiesto sus deseos.

Esas faltas de claridad respecto de nosotros mismos pueden llevarnos a situaciones penosas. Si experimentamos el deseo de un encuentro cargado de erotismo, con sus cosquilleos y suspensos, pero lo rechazamos por considerarlo indebido y reñido con la imagen que de nosotros mismos nos hemos forjado, es fácil que el flirteo se convierta en algo peligroso. Es verdad que flirtear es "jugar con fuego". Y quien no se enfrente con sus deseos reprimidos, no sabe —o no quiere saber— cuál es su efecto sobre otras personas. Cree, entonces, no poder resistir a las artes de seducción del otro, cuando él mismo es quien está seduciendo. Si no tiene conciencia de lo evidentes y estimulantes que son las señales que está emitiendo, será "víctima" de sus propios deseos ocultos.

La cariñosa y considerada aceptación de esos deseos es, por cierto, la mejor defensa contra tales experiencias. Las fantasías y anhelos eróticos forman parte de nuestra vida mental. Son señales de nuestro potencial erótico aún no realizado, una fuerza vitalizante. Si conocemos esos deseos y los aceptamos como algo dado y justificado, el flirteo puede ser una posibilidad —exenta de peligros— de darles cabida en nuestra existencia en forma controlada.

Pero no estamos libres de sorpresas, aunque nos veamos a

nosotros mismos con cierta claridad. Antes de que podamos reaccionar, el inocente flirteo con ese hombre que nada significaba para nosotros, puede haber comenzado a transformarse en una relación profunda. El flirteo que se nos escapó de control puede resultar, de ahí en adelante, el efecto de una parte de nosotros que parece saber mejor que nuestra cabeza —más de una vez desorientada— quién nos conviene.

8

Lenguaje corporal

Manejar y entender el lenguaje corporal; descifrar los diferentes sentidos de las miradas... ¿A quién no le gustaría dominar este amplio campo?

Todos sabemos que no sólo nos expresamos con palabras. También lo hacemos en forma no verbal, y nuestro cuerpo interviene siempre —con mayor o menor claridad— en la "conversación", cuando nos comunicamos con otro. En general no tenemos mucha conciencia de ello, sucede de manera involuntaria. Los gestos y la mímica, las actitudes y las expresiones faciales acompañan a nuestras palabras. Todo eso puede aclarar nuestras palabras, las puede complementar y, a veces, nuestro cuerpo dice algo muy diferente de lo que estamos manifestando en forma verbal.

En ocasiones, el cuerpo nos habla a nosotros mismos. Por ejemplo, la tensión de la musculatura de los hombros y la nuca nos alerta sobre una presión psíquica excesiva, nos avisa que hemos cargado un peso demasiado grande o que experimentamos una tarea como algo superior a nosotros. Esa sensación "extraña" en la boca del estómago puede indicar que, en la empresa que planeamos, algo no está bien o no hemos tenido en cuenta algo importante. Algo como "un peso en el estómago" o "los cosquilleos en la barriga" nos señalan la presencia de una persona estimulante, "el piso se nos mueve bajo los pies", las "rodillas se nos doblan" o nos "derretimos" de placer. Nuestro corazón late con violencia por miedo o por una tensa expectativa. Cuando estamos enamorados, con sólo pensar en "él" o en "ella", nuestra sangre entra en ebullición y experimentamos tan pronto frío como calor y las palmas de las manos se nos humedecen. Mientras recordamos el último encuentro, nuestro rostro puede iluminarse con una sonrisa. Y cuando experimentamos una pena aguda, los sollozos pueden representar un alivio.

Los idiomas disponen de numerosas imágenes vinculadas con el cuerpo, que nos indican la estrecha relación existente entre estados anímicos, sentimientos y alteraciones físicas. Esas imágenes nos resultan familiares y entendemos muy bien cómo se siente el otro si nos dice, por ejemplo, que "tiene un nudo en la garganta". Siempre que estamos en contacto con alguien recibimos múltiples informaciones. Mientras dedicamos la mayor parte de nuestra atención a las palabras pronunciadas, a escuchar, a pensar, a dar respuesta, la otra parte se ocupa de la forma en que habla nuestro interlocutor, cómo son sus expresiones faciales y sus gestos. Hay otros muchos pequeños movimientos involuntarios —como el jugar con el bolígrafo, el retorcer un mechón de nuestro cabello— que expresan lo que sucede en nosotros. La totalidad de nuestras percepciones provoca un efecto sobre nosotros y otro tanto le ocurre al otro con nuestras expresiones. En presencia de una persona nos sentimos a gusto y podemos aflojarnos y abrirnos cada vez más. Con otra persona, en cambio, nos sentimos más y más oprimidos y torpes.

Sentimos si alguien quiere provocar una determinada impresión en nosotros, que no condice con su auténtico estado de ánimo. Se puede hablar de una comunicación en dos planos entre las personas que dialogan. La penetración psicológica se basa en la percepción de ambos planos de información.

Clemens acaba de enamorarse de Andrea Busch. Es muy tímido y, por eso, no le ha dicho nada; pero espera que, de alguna manera, se establezca una relación entre ambos. Ella no comparte sus sentimientos, pero ha advertido lo que le está sucediendo a Clemens. Para no herir sus sentimientos, se aleja de él. Han transcurrido meses y, un buen día, Clemens descubre a Andrea en una parada de tranvías. Se le acerca silenciosamente y le dice: "Buenas tardes, señora Busch". Ella se vuelve y experimenta, instantáneamente, una sensación desagradable. El huye hacia adelante y le dice que la nota muy cambiada; a él, por su parte, le va bien, ha conseguido un trabajo nuevo. Más por cortesía que por interés, ella le pregunta qué hace ahora. Mientras habla echa una ojeada para saber si el tranvía no está a la vista. El advierte que, en realidad, lo que ella quiere es alejarse y lanza una catarata de informaciones; le dice que ahora es representante general de una compañía de seguros, que le queda poquísimo tiempo libre y que gana 10 000 marcos por mes. Y entonces llega el tranvía y Andrea se despide apresuradamente. Ese encuentro deja en ambos una sensación de incomodidad.

¿Qué ha ocurrido? Sin duda es siempre penoso el encuentro de dos personas, de las cuales una no corresponde a los sentimientos de la otra y cuando no existe la posibilidad de situarse en un plano de amistad. Clemens se siente decepcionado y se pregunta qué ha hecho mal. El se había alegrado de volver a ver a Andrea y ella reaccionó con frialdad y rechazo. Andrea se siente penosamente conmovida. No quería saber nada con él y así se lo dio a entender con su reacción distante. Advirtió el claro contraste entre las palabras del joven y lo que ella había percibido en su actitud. Porque luego que él le hubo dirigido la palabra, ella se había vuelto y lo había mirado de frente. El, en cambio, se había colocado de perfil, con la cabeza muy alta y la había mirado de rabillo de ojo. Ella había experimentado esa actitud como temerosa, como una manera de mantenerse a una cauta distancia. Las palabras, en cambio, habían pretendido establecer una proximidad, pues informaban acerca de su persona. Con esa huida hacia adelante había querido disimular su cortedad. Clemens pertenece a esa clase de hombres introvertidos, que se inclinan a atribuirse a sí mismos la incomodidad que sienten, en lugar de percibirla como prueba de la situación general. Esa forma de ocuparse de sí mismo, ante todo, perjudica el contacto con los demás. Si Clemens hubiera mantenido algo más de distancia en sus palabras, el encuentro habría sido menos desagradable para ambos. Porque, en ese caso, quizá, no habría intentado provocar voluntariamente una cercanía que era imposible en esa situación.

Siempre se expresa más de lo que decimos, realmente, con palabras. De vez en cuando, vale la pena aflojar la atención y llevarla a una especie de “gran angular”. De esa manera es posible captar, en forma más precisa, la situación entre dos personas.

Contacto a través de la mirada

La mayor parte de la gente de nuestro círculo cultural es "gente de ojos". En otras palabras: percibe las informaciones en forma predominantemente óptica, a través de la vista. No sin razón reviste tanta importancia el *packaging*, tanto en las personas como en las cosas. ¿Acaso no disminuiría nuestro placer por adquirir perfumes si, de pronto, sólo se los vendiera en frascos parduzcos de forma sencilla?

Es habitual y conveniente "echar una ojeada" a alguien antes de aproximarnos. Después de una mirada —o varias— decidimos si hemos de tomar contacto con una persona o más nos vale dejar correr las cosas. Pero la mirada no sólo recibe impresiones; las miradas pueden expresar muchas cosas. La lista que sigue nos permite tener un pequeño panorama:

una mirada prometedora
una mirada amable
una mirada cálida, bondadosa
una mirada escéptica
una mirada desconfiada
una mirada hostil
una mirada generosa
una mirada franca
una mirada chispeante
una mirada radiante
una mirada que desarma
una mirada absorbente
una mirada profunda
una mirada anhelante
una mirada soñadora
una mirada expresiva
una mirada inquisidora
una mirada hipnotizante
una mirada huidiza
una mirada posesiva
una mirada penetrante
una mirada vaga
una mirada reveladora
una mirada perforante
una mirada aguda
una mirada incitante
una mirada fría
una mirada directa
una mirada indirecta
una mirada crítica
una mirada devastadora
una mirada de deseo

Podemos llamar la atención de una persona con la mirada; podemos atraerla hacia nosotros. También podemos expresar nuestro desprecio a través de una mirada y mantener así al otro a distancia.

En la década del 60, las investigaciones del estadounidense E. H. Hess y sus colaboradores, demostraron que las pupilas de las personas sometidas a ensayo se dilataban, regularmente, cuando se les mostraban fotos del sexo opuesto. Los investigadores extrajeron la conclusión de que la dilatación de la pupila era un signo seguro de interés sexual por otro. Investigaciones más recientes demuestran, por otra parte, que la dilatación de la pupila obedece a una compleja actividad cognoscitiva y demuestra interés prioritario y alerta ante excitaciones externas. De modo que sería preciso establecer si su interlocutor está interesadísimo en usted, si está ensimismado en la solución de un difícil problema, o algo que está por detrás de usted lo fascina.

Queda por dilucidar si el amor a primera vista existe realmente o si se trata de una manera gráfica de explicar que se enamoraron relativamente rápido, sin conocerse demasiado. Pero todos hemos podido comprobar que las miradas tienen un efecto muy importante y pueden establecer una fuerte ligazón entre dos personas. Si apartamos los ojos, no tiene por qué tratarse de una "mirada de enojo". En la antesala de un flirteo erótico sólo permitimos que nuestra mirada se pose en el elegido una fracción de segundo más de lo habitual. Si nuestras miradas se buscan y se encuentran repetidas veces, estamos ante un signo casi seguro de mutuo interés. La mirada sostenida, en cambio, tiende más bien a ahuyentar.

Cuando experimentamos sincero interés por alguien, demostramos nuestra atención fijando la mirada en ese alguien la mayor parte del tiempo, mientras dura una conversación. Sólo los enamorados pueden hundirse casi indefinidamente en la mirada del otro.

Los psicoanalistas señalan la importancia que tiene el "brillo en los ojos de la madre" para la evolución de una autoestima sana en el bebé. La mirada radiante con la que nos recibe nuestra pareja, nos recuerda eso.

Juego de gestos

Para conocer a una persona se requiere tiempo, un interés real y una atención alerta. Es frecuente que en mis cursos de flirteo se pidan datos para descifrar el lenguaje corporal. Detrás de eso está la idea de que es posible "radiografiar" a una persona, con sólo saber a qué se ha de prestar atención. Pero, a diferencia de los animales, los seres humanos no estamos ligados por los instintos a modelos de comportamiento fijos. Nuestro comportamiento —incluso en los movimientos involuntarios— está condicionado por muchos factores: por nuestras experiencias, nuestro modo de ser, nuestro origen, nuestro estado de ánimo momentáneo. Lo que observamos en materia de expresiones corporales tiene que ser considerado dentro del contexto. Por eso no podemos extraer conclusiones esquemáticas de un comportamiento observado.

La actitud del cuerpo revela si nos abrimos al ambiente que nos rodea o si nos encerramos dentro de nosotros mismos. Los brazos cruzados sobre el pecho y las piernas entrelazadas cuando se está sentado, a lo cual se suma una cabeza gacha y los hombros inclinados hacia adelante, nos brindan la imagen de una persona encogida, cerrada al medio que la rodea. Pero no podemos saber qué le está sucediendo realmente, si se siente temerosa e insegura o si está triste por motivos concretos y, por eso, prefiere mantenerse aislada. La actitud abierta, en cambio, revela la consiguiente apertura a la situación presente. Pero no existe una clasificación inequívoca de expresiones corporales y de sus motivos subyacentes.

Si, por ejemplo, en una reunión social, una joven se sienta en un rincón, con los brazos cruzados, eso puede significar: "Déjenme en paz". Pero también puede querer decir que tiene frío y tanto puede ser una expresión de timidez como un pedido de ayuda: "por favor, sáquenme de esta situación angustiosa, incorpórenme al grupo".

Una posibilidad de entender el comportamiento observado, es incluirlo en la comunicación.

Inga y Klaus se han conocido la noche anterior en un bar. Ambos estaban allí con amigos. En ese estado de ánimo cómodo, cruzaron unas cuantas palabras, simpatizaron mutuamente y quedaron en encontrarse la noche siguiente para tomar juntos una cerveza. Ahora están en un tranquilo *pub*. Luego de un rato de conversación se produce un silencio. Klaus permanece sentado con rostro inexpresivo y mira su cerveza. Inga se pregunta si es, simplemente, un "tipo callado" o si ha perdido interés en

Café
Ba
HOTEL
Disc

ella. Le gustaría conocerlo mejor. De pronto recuerda algo que había observado: mientras charlaban con fluidez, Klaus había ido acercando lentamente su vaso al de ella. ¿Significaría eso un deseo de aproximación? Quizá necesitara una pequeña ayuda. Y entonces le dice: "No es una situación tan fácil la nuestra. Nos conocimos anoche y ahora estamos aquí juntos a pesar de ser, prácticamente, unos desconocidos". Y así fue cómo retiró las vallas. Klaus le formula, ahora, algunas preguntas de carácter personal. Con toda seguridad, Klaus no tenía conciencia de que, en el juego con el vaso, estaba representando sus deseos como en un pequeño escenario. Todos practicamos, alguna vez, esos movimientos, aparentemente sin sentido e inútiles, con un objeto. Parecen carecer de sentido porque no los hacemos intencionalmente. Es importante y divertido observarse uno mismo en esa situación. Ese algo en nosotros, que se cuela en nuestra expresión, es de una gran inventiva y suele ser sorprendentemente simple y directo.

En una ocasión en que me había trenzado en una discusión profesional con un colega, éste observó que, desde hacía un buen rato, yo fabricaba barquitos con papeles de caramelos y los alineaba ante mí, sobre la mesa. Me preguntó si era mi flota de guerra. "No. Es una flota comercial", repliqué.

Los actos realizados con evidente intención pueden expresar cosas muy diferentes según lo que ocurra. Cuando las mujeres se retocan la pintura labial en público, si la acción va acompañada de una coqueta mirada al interlocutor o a un hombre con quien ha cruzado miradas, puede querer decir, muy a las claras: "Mira. Te las estás viendo con una mujer".

La simpatía se puede manifestar en gestos y actitudes corporales paralelos. En este caso tampoco quedamos a salvo de las sorpresas ante nosotros mismos. Aunque nuestras palabras aún suenen distantes y frías, subliminalmente se puede haber producido un acercamiento y ya estamos conectados con el otro. De pronto advertimos que extendemos la mano hacia la copa, simultáneamente con nuestro interlocutor, y que cruzamos las piernas en forma sincrónica.

La simpatía puede evidenciarse en una actitud corporal dirigida hacia el otro. Por así decirlo, inclinamos nuestro oído hacia él. De esa manera disminuimos la distancia física entre nosotros. Todos tenemos la noción de la distancia aceptable que ha de existir entre nosotros y otra persona. La medida en que permitimos que alguien se nos aproxime depende de la relación existente o la que nosotros queremos que exista.

A la distancia íntima, que va desde el contacto directo de los cuerpos hasta los 60 centímetros, aproximadamente, sólo tienen acceso los seres que están muy cerca de nosotros. Si un desconocido penetra en ella, nos sentimos inquietos e incómodos. Con toda seguridad, daremos un paso atrás. En aquellas situaciones en las cuales nos vemos obligados a permanecer muy cerca de desconocidos —como, por ejemplo, en un ascensor o en un vehículo de transporte repleto—, nos ponemos rígidos y evitamos el contacto visual. Con eso queremos indicar: "Estamos muy juntos, pero yo no te veo". La zona de la distancia personal abarca un espacio que varía entre los 60 centímetros y los 160, aproximadamente. Se la ha denominado "zona de *cocktail party*". A esa distancia nos encontramos con los conocidos y con los amigos distantes.

La distancia social está entre 160 a 200 centímetros. Mantenemos esta distancia cuando realizamos trámites impersonales, como una compra, una operación bancaria, una gestión oficial. Un jefe puede mantener a sus subordinados a distancia mediante un gran escritorio. De esa manera demuestra que no quiere relaciones personales. La distancia pública, finalmente, comienza a los cuatro metros. Separa al individuo del grupo. Al maestro de su clase o al conferenciante de su público.

Me gusta hablar con los amigos y conocidos acerca de la forma en que conocieron a su compañero. Un conocido italiano me contaba que había conocido a su actual mujer en un grupo de amigos. Ella le había gustado desde el primer instante; pero, al principio, no había podido descubrir el menor indicio de interés por parte de ella. Luego, como al descuido, sus rodillas se habían rozado bajo la mesa. Al ver que ella no se alejaba ante ese contacto, le pasó su número de teléfono. Porque en su país parece ser signo inequívoco de interés el que una mujer acepte un roce aparentemente involuntario por parte de un hombre.

No pude saber con certeza si se trataba de una costumbre tradicional italiana o de una experiencia personal de mi conocido; pero podemos afirmar que sus conclusiones fueron lógicas.

Hay diversas posibilidades de ampliar el propio conocimiento de los seres humanos. Una de ellas, ya mencionada, es la de prestar atención a los pequeños movimientos involuntarios que uno realiza. Otra es la de procurar adivinar los sentimientos de otro, realizando sus gestos o adoptando su actitud física. ¿Qué experimenta cuando hunde la cabeza entre los hombros? ¿Cómo siente su relación con el mundo cuando echa la cabeza hacia atrás y lo mira, desde arriba, con párpados entrecerrados?

Ejercicio:

Observe en las películas cinematográficas y en televisión, cómo se expresa la gente corporalmente. ¿Cuál es la actitud del cuerpo? ¿Qué hacen con las manos y los pies? ¿Cómo inclinan la cabeza? ¿Qué expresan los rostros? ¿Coincide el lenguaje del cuerpo con la palabra hablada?

9

Poder de atracción

A pesar de que en cada cultura, en cada época, predomina un determinado ideal de belleza de aceptación general, existen grandes diferencias en lo referente a lo que cada individuo considera "atractivo".

Una persona extraordinariamente bella llama la atención y da gusto mirarla. El éxito, el poder, la fama y el dinero parecen ser, a primera vista, otros tantos atributos que hacen a alguien deseable y atractivo. Lo extraordinario atrae nuestra atención y puede despertar fantasías en nosotros ("cómo será trabar amistad con ese hombre célebre, con esa mujer tan exitosa", "debe de ser maravilloso salir alguna vez con esa beldad"), pero no nos incita a aproximarnos, realmente, a ese ser humano. Porque ocurre que tendemos a creer que lo extraordinario implica perfección en todos los sentidos. En psicología social se habla del "efecto halo". Por eso suponemos que el ganador del Premio Nobel no sólo es un destacado científico, sino también un hombre particularmente tierno, bueno y sabio. ¡Y qué exigencias impondrá a quienes lo rodean! Y así, la admiración por lo extraordinario provoca en nosotros, a la vez, serias dudas sobre nuestra capacidad para estar a la altura de las circunstancias. Preferimos buscar contacto personal con la gente de nuestro nivel. El hecho de sentirnos atraídos por alguien en especial depende de cómo nos veamos nosotros mismos.

Pero también hay individuos que son considerados atractivos por muchos. Con frecuencia su aspecto exterior no se ajusta a las normas vigentes en cuando a belleza física, ni están dotados de fama, poder o dinero. Son seres que transmiten una

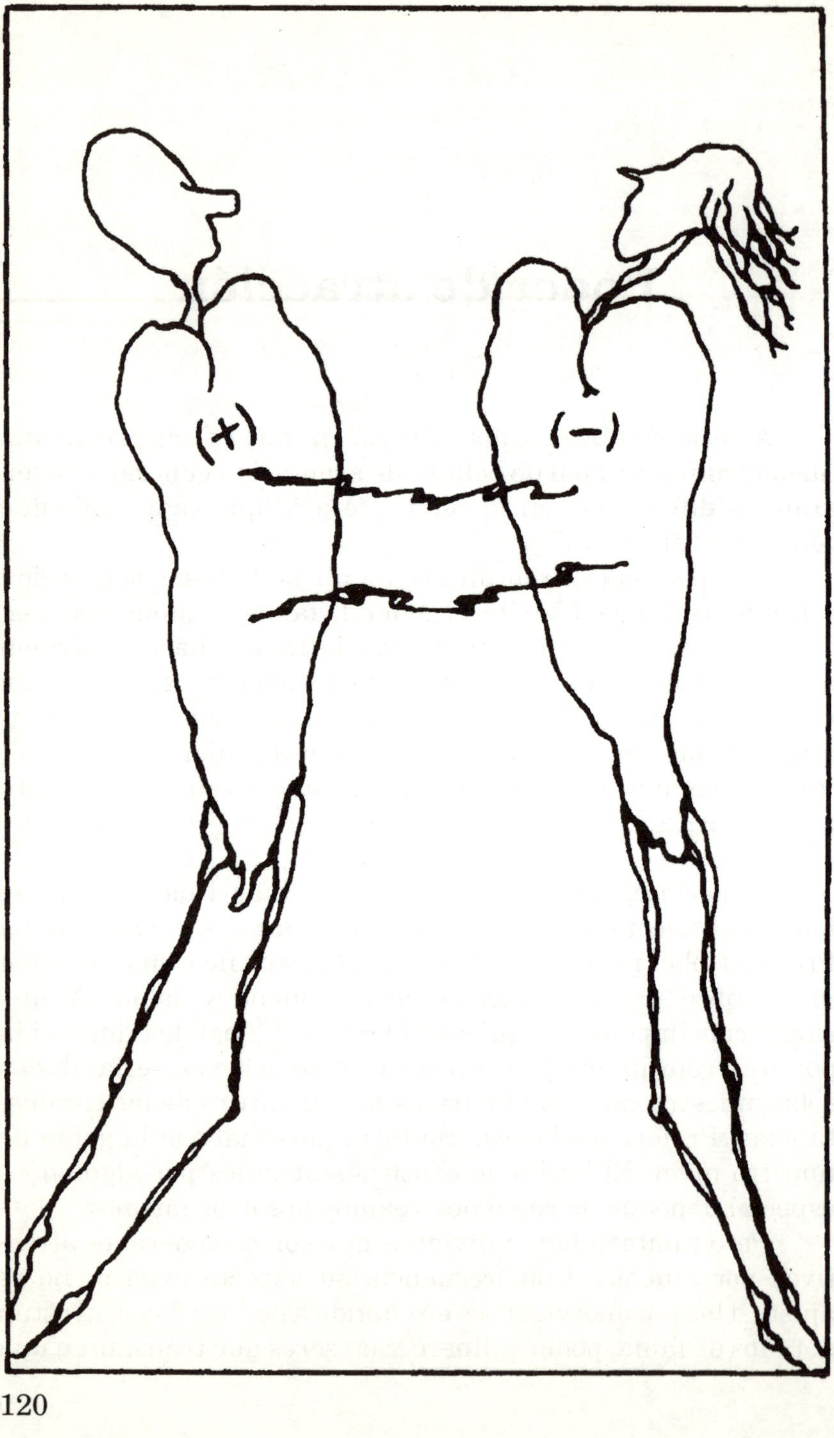

cierta integridad. Todas sus manifestaciones, su aspecto, la forma en que se visten, su modo de hablar y sus gestos, sus actos y sus juicios, la manera de tratar a los demás, están impregnados de una "nota personal", de su estilo. Son aquellos que no buscan parecerse a un admirado ídolo de la pantalla. Se visten a su manera, con lo que les queda bien, sin sujetarse a los dictados de la moda. No se comportan, forzosamente, como los demás esperan, ni demuestran su individualidad con una actitud provocativa y llamativa. Son ellos mismos y no necesitan demostrarlo por medio de una conducta especial. Se respetan a sí mismos y no dependen de una atención permanente, por parte de otros, para saber "quiénes" son. Reposan en sí mismos, juzgan y actúan a partir de su propio criterio, sin sentirse, por eso, el ombligo del mundo.

El contacto con ese tipo de persona es bienhechor y enriquecedor. Como se respetan a sí mismos, respetan la individualidad del otro. No hacen resaltar demasiado sus talentos, para demostrar a los otros su superioridad; los ponen al servicio de una causa que favorece a muchos.

¿Cómo puedo ser atractivo para los demás?

El poder de atracción no es algo que se pueda fabricar a voluntad, intencionalmente. No podemos convencer a alguien de nuestro atractivo y tampoco podemos creárnoslo por medios especiales. Es una fuerza que actúa indirectamente sobre otros. Lo único que podemos hacer es crear las condiciones favorables para desarrollarlo.

Por supuesto, podemos intentar ser famosos, ricos y poderosos, merced a inteligencia y laboriosidad. Uno se puede hacer operar la nariz y otras partes del cuerpo. Y si alguien considera que tiene más posibilidades de ser amado como mujer que como hombre, hasta puede cambiar de sexo.

Quizá gane así en poder de atracción, si esas empresas refuerzan su coraje para enfrentarse a sí mismo... pero, quizá, no; porque en su búsqueda de exterioridades se aleja, cada vez más, de sí mismo.

Otro camino, menos llamativo, pero no menos difícil, por el cual se puede aumentar el poder de atracción, es el camino hacia nosotros mismos. Cuanto mejor nos conozcamos y nos aceptemos como ese ser en particular, con todas sus vueltas y aristas e imperfecciones, tanto más convincente será nuestro efecto sobre otros. Si usted se acepta con naturalidad, no se esforzará por provocar una determinada impresión —prometedora de éxito— y, al mismo tiempo, no buscará ocultar esos aspectos de su personalidad que considera menos atractivos. Los lobos con piel de oveja y las ovejas con piel de lobo siempre despiertan sentimientos encontrados y reservas en los demás.

Conviértase en un "descubridor de valores" y empiece por aplicarlo a usted mismo. Es más fácil arriesgar una mirada a las propias imperfecciones y debilidades, si se hace desde el terreno seguro de una sólida autoestima. Sea lo que fuere aquello que objeta en sí mismo, usted está bien así como está. Toda persona es digna de ser amada, al margen de lo que pueda o no pueda hacer. Con frecuencia, la gente evita conocer sus aspectos peores pues teme que, al enfrentarse con las fallas que allí pueden encontrar, ya no quede nada bueno en ella. Pero no todo en nosotros es bueno y no todas las debilidades pueden compensarse o transformarse en virtudes. Tenemos que conformarnos con más de una debilidad. Lo curioso es que parece necesario admitir las propias falencias como algo dado, antes de tomar verdadera conciencia de nuestros talentos y aspectos fuertes. La experiencia demuestra que las fallas intuidas parecen ser mayores de lo que, en realidad, son. Y si no las miramos bien, se

hacen sentir como una desgastante duda de sí mismo, que no nos permite estar seguros acerca de nuestros aspectos positivos.

Ejercicio:

Al comienzo le recomendé escribir unas páginas sobre usted mismo. Ahora quisiera plantearle esta tarea con algunas variantes. Una vez más escoja un momento de tranquilidad. Bajo el título "Soy una persona insufrible" anote todo los defectos propios que se le ocurran. Inicie una página nueva de la libreta o cuaderno y escriba todo lo que se le ocurra, bajo el título: "Soy una persona sorprendente". Por favor, haga lo posible por exponer los hechos sin emitir juicios.

¿Es excesivamente crítica y no deja títere con cabeza en su personalidad? ¿O predominan en su informe los aspectos dignos de destacarse? Encuentre lo que encuentre, eso no decide sobre su valor como ser humano; sólo refleja el ángulo desde el cual se enfoca hoy.

Una visión —en cierta medida— realista de sí mismo posibilita también una percepción realista de otros. Y cuando usted descubra que otras personas tienen tantas facetas como usted, relativizará ese juicio excesivamente crítico sobre sí mismo. Recoja experiencias, conozca a otra gente. Se sorprenderá: usted no es el borrico por el cual se tenía, a veces, sino un fruto que merece ser saboreado.

Y aquí van algunos consejos para llegar a ser un interlocutor atractivo:

- Avance con cautela, deje que la situación de diálogo se vaya desarrollando lentamente.

- Interésese por el otro y demuéstrelo.

- Busque temas que les interesen a ambos. No bien comience a aburrirse o descubra en el otro síntomas de aburrimiento cambie de ruta: va por mal camino.

- Escuche con atención y formule preguntas. Nadie domina todos los temas. Cuando pregunta, otorga al otro la posibilidad de compartir con usted su realidad. De esa manera puede enterarse de algo nuevo y no hacer un mal papel con una observación "tonta".

- Juéguese un poco. Dé su nombre y pregunte al otro el suyo. Háblele de usted en la medida en que la situación lo admita.

- Permita que se establezca un espacio entre usted y el otro, en el cual ambos puedan mostrarse tal cual son.

- Conviértase en un buen "acariciador". Brinde al otro las unidades de caricia que correspondan al momento. Dígale lo que le gusta de él. No exagere. Demuéstrele sinceridad valorando cosas pequeñas.

- Déjese acariciar. Considere el respeto, la atención y el interés como regalos del otro y no como algo que le es debido. No rechace los cumplidos... a no ser que sienta que se está exagerando.

- No sea mezquino. Dedique a la persona con la cual está toda su atención.

- Ríanse juntos.

- Busque lo positivo de cada instante.

Despréndase de la idea de que hay gente mejor y peor, gente muy valiosa y gente minusválida. Las personas son diferentes y hay algunas a las cuales lo unen muchas cosas y otras con las cuales usted tiene muy poco en común. No es preciso que usted ame a todos y usted tampoco necesita del amor de cualquiera.

¿Qué efecto causo en los demás?

¿Sabe, con certeza, cómo lo ven sus amigos? ¿Sabe lo que valoran especialmente en usted y lo que no les gusta?

Todos sabemos algo acerca de nosotros mismos; parte de ello es generosamente exhibido ante los otros, la otra parte preferimos reservarla. Hay aspectos de nuestra persona respecto de los cuales tenemos un "escotoma". Nosotros no los vemos; pero otros los advierten. Finalmente hay aspectos que no han aflorado, duermen aún en un ámbito que podemos denominar inconsciente. Podemos visualizar estos diferentes ámbitos en un modelo ideado por Joe Luft y Harry Ingham (véase pág. 126).

Los cuatro ámbitos ejercen una acción sobre nuestras relaciones interhumanas. Podemos considerar el modelo como una ventana de cuatro hojas, cada una de las cuales abarca un ámbito.

A es el ámbito de la persona pública, abarca aquellos aspectos nuestros que conocemos bien, acerca de los cuales podemos hablar sin reparos, lo que dejamos ver de nosotros mismos. En él están incluidas nuestras actividades, nuestras actitudes e intereses.

A *B*, el ámbito del escotoma, pertenecen los aspectos que exhibimos sin advertirlo, pero que otros pueden percibir: hábitos, comportamientos estereotipados, normas y compulsiones. Puede ser, por ejemplo, la costumbre de tirarnos del lóbulo de la oreja en situaciones críticas, o la tendencia a hablar de sí mismo con muchas reservas.

En el ala *C*, el ámbito de la persona privada, se encuentran

A Ambito de la persona pública	B Ambito del escotoma
C Ambito de la persona privada	D Ambito del inconsciente

cosas que no comunicamos con gusto: pensamientos secretos, deseos, fantasías, preferencias, rechazos, miedos.

D, el ámbito del inconsciente, es el ámbito de lo desconocido para nosotros.

Estos ámbitos no son de igual dimensión, como lo demuestra la figura 1. La relación de tamaño entre ellos varía según las personas y según las circunstancias.

Cuando estamos en compañía de desconocidos, el ámbito *A* es todavía pequeño. Al comienzo mostramos poco acerca de nosotros mismos. Cuando vamos "entrando en calor", se irá extendiendo hacia *C* (fig. 2). Vamos dándonos a conocer más. Para conocernos mejor a nosotros mismos, sería conveniente ampliar el ámbito *A* hacia el *B*, el ámbito del escotoma. Tenemos la posibilidad de preguntarles a otros lo que han observado en nosotros y lo que piensan de nosotros.

El ejercicio que sigue puede resultarnos de utilidad.

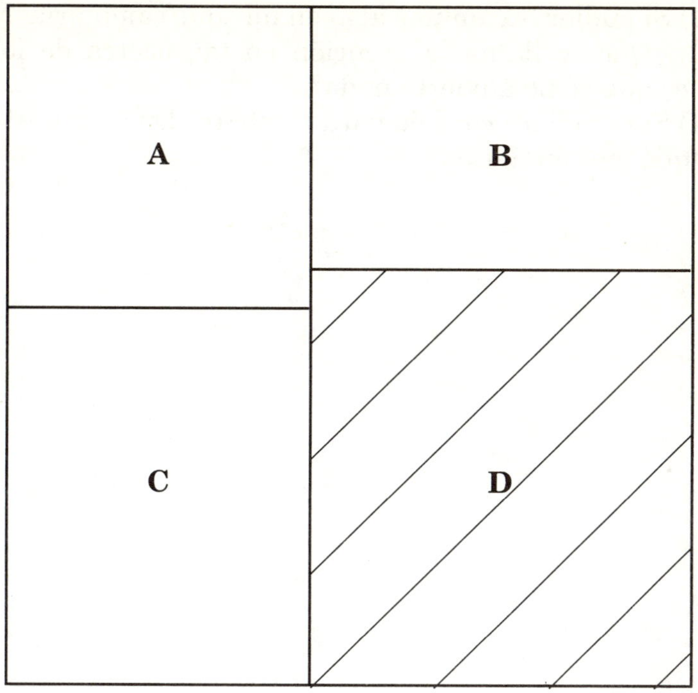

Ejercicio:

Póngase de acuerdo con una buena amiga, un buen amigo o cualquier persona de su intimidad, para encontrarse en un lugar tranquilo. Elija a alguien de cuya estima esté seguro y con quien no vaya a entrar en competencia bajo ningún aspecto, por lo menos en este momento. Pídale que sea todo lo sincero que sea posible y todo lo directo que sea necesario al decirle cómo lo ve. Formúlele una o varias de las preguntas que siguen y tome sus respuestas simplemente como informaciones. No discuta con él. No le diga: "¡Pero cómo se te ocurre semejante cosa!". Limítese a formular preguntas, cuando algo no le resulte claro. Piense que él tiene su propio punto de vista y, por consiguiente, un ángulo propio desde el cual lo ve a usted. No se trata de recibir halagos, sino informaciones.

1) ¿Qué es lo que más aprecias en mí y lo que no puedes tolerar en mí? Piensa cinco cosas que te gustan en mí y dos que no te gustan. Anótalas y luego dímelas.

2) Si pudieras cambiar algo en mí ¿qué cambiarías?

3) ¿Que te llama la atención en mí, acerca de lo cual supones que yo no advierto nada?

4) Si te pidiera consejo para cambiar algo en mi estilo de vida ¿qué me señalarías?

10

El estímulo de los demás

"Todo nos viene de otros...
Ser significa pertenecer a alguien."

Jean-Paul Sartre

Dependemos de otras personas. Nadie crea nada de sí mismo. Hasta el pensador más destacado, la artista más talentosa, el investigador... Todos necesitan del estímulo de otros seres humanos, de sus ideas y de sus obras, para emprender lo suyo. Todos tenemos nuestros propios talentos, nuestras habilidades e intereses particulares. Pero para que eso dé frutos se necesita estímulo y, por lo menos temporariamente, una orientación que provenga de afuera. No tiene por qué ser, indefectiblemente, el contacto directo, personal; también puede tratarse de un estímulo indirecto a través de libros, filmes, música, cuadros, etc. Todo lo que nos llegue de otras personas puede despertar nuestro interés por algo nuevo, entusiasmarnos e inducirnos a conocer más al respecto.

A través del contacto directo, el otro puede provocar un cambio en nuestro modo de ser. De pronto, pueden aparecer facetas en nosotros de las cuales nada sabíamos. Eso se hace más evidente cuando se trata de personas muy distintas de nosotros o que se ocupan de otras cosas. Yo advertí, por primera vez, ese cambio espontáneo de mi modo de ser, en una época en la cual estaba muy concentrada en un trabajo científico. Cada vez que me reunía con niños experimentaba un notable contraste. Mientras que mi vida cotidiana estaba signada por el estricto orden de un sistema científico y por la disciplina, en presencia de los niños me sentía, de pronto, liviana. Su realidad despreocupada y juguetona ejercía una influencia sobre mí. Comprobé que me gustaba contar cuentos y fantasear. En una oportunidad, por ejemplo, hojeé con un chico un prospecto de automóviles. El auto que más nos gustó era de un color rojo brillante. Imaginamos que viajábamos en ese auto y yo propuse llevar con nosotros sólo cosas coloradas. Después de habernos contado mutuamente qué prendas de vestir rojas llevaríamos, llegamos a los tomates y a las remolachas para los picnics, etcétera, etcétera. Era como si nos estuviéramos arrojando una pelota roja el uno al otro. Todo era ingrávido y juguetón. Nadie se detenía a meditar seriamente, las cosas se nos ocurrían y las decíamos. Con sorpresa, descubrí que también tengo esa faceta en mí y recordé a una tía abuela que siempre narraba historias improvisadas.

Un flirteo nos puede excitar en un doble aspecto. En primer lugar, pueden salir a relucir nuestras facetas infantiles, despreocupadas, fantasiosas, si nos dejamos llevar por el juego del momento. Podemos aflojarnos un poco, seguir más nuestras ocurrencias que nuestra lógica. Nos podemos provocar mutuamente para emerger del caparazón. En el juego con palabras podemos intercambiar informaciones "a través de una flor" y "llevarnos mutuamente en brazos". El diálogo que sigue ilustrará esto.

Un hombre y una mujer, que se conocen superficialmente, se encuentran en la calle.

El: —¡Hola! ¡Cuánto hace que no la veía! ¿Qué es de su vida?

Ella: —Ah, trabajo mucho.

El: —¿Y en cuanto a su vida privada?

Ella: —Por el momento no hay mucho que contar. ¿Y qué hay de la suya?

El: —Nada para contar, ni catastrófico ni alegre.

Ella: —De modo que, por el momento, es campo en barbecho.

El: —¿Qué? Querrá decir que está cubierto de maleza.

Ella: —Bueno, pero usted ya sabe que un campo en barbecho es el que, más tarde, produce mejores cosechas. Ya encontrará una hábil mujer de campo que se ocupe de esa parcela.

El: —Nada de campesina ordenada. A lo único que aspiro es

a que no se meta alguna vaca a mordisquearme los arbustos.

Ella: —Yo sólo me refería a que un campo en barbecho permite concebir esperanzas.

El: —Lo que yo necesito es, sin duda, una jabalina.

Ella: (Le dirige una mirada interrogativa.)

El: —Un jabalí de sexo femenino. Hasta pronto.

Este breve diálogo tiene un tono juguetón. Una vez que se han comunicado mutuamente que, por el momento, no tienen compromisos, ella imprime el tono ligero. A esta altura, el diálogo se podría haber transformado en una lamentación conjunta sobre lo difícil que es dar con alguien. O él podría haberle preguntado si no se podían encontrar, en alguna oportunidad. En lugar de eso, ella lo lleva al terreno de las insinuaciones y estimula su imaginación.

Un flirteo puede llevarnos, también, a proseguir el contacto con nuestro compañero de juego en otro tipo de relación. Puede ser que intuyamos cosas en común que nos pueden ligar en un futuro o que el otro despierte nuestra curiosidad sobre cosas que pertenecen a su mundo.

Verena Kast señala que las relaciones amorosas pueden sacar a relucir, en ambos miembros de la pareja, aspectos de la personalidad que ninguno de los dos conocía. Cuando nos enamoramos de alguien, presentimos lo que sería vivir con esa persona. Nos idealizamos el uno al otro, es decir, nos atribuimos facetas que (todavía) no corresponden a nuestra realidad vivida. No se trata de meras proyecciones de deseos y miedos propios; esas ideas tienen fundamentos que apenas se insinúan en el otro. Experimentamos los efectos de la idealización cuando, de pronto, se abre ante nosotros un mundo nuevo, nuevas posibilidades de la vida. Puede ser que el otro nos crea capaces de cosas en las que no pensamos ni en sueños, tanto desde un punto de vista positivo como negativo. El amor nos hace más flexibles, puede hacer una persona nueva de nosotros, conducirnos a una renovación. Más de un enamoramiento termina, por cierto, en decepción cuando el cambio no se produce, ya sea por miedo a permitir el desarrollo de ese desconocido que hay en nosotros, ya porque faltó confianza en la fuerza y la perdurabilidad del amor.

El estado, propio del enamoramiento, en el que se experimenta una sensación de ausencia de límites y de plena vitalidad, no se puede mantener indefinidamente. Cuando lo vago se convierte en la realidad de las facetas, capacidades, hechos y sucesos concretos, se recupera, en cierta medida, la lucidez. Entonces, más de uno comienza a dudar de la autenticidad del amor, al comprobar que el resplandor va debilitándose.

Mientras que en las relaciones amorosas se producen transformaciones importantes, que pueden cambiar toda una forma de vida, las relaciones de amistad —menos resplandecientes— pueden inducirnos a actitudes nuevas en algunos aspectos. En esos casos se trata, más bien, de pequeños progresos, ya sea en forma de ligeros cambios del punto de vista o de ampliaciones del horizonte de actividades.

La medida en que admitimos los estímulos de otros depende de la confianza que tengamos en nuestra capacidad de trazar límites que defiendan nuestra manera de ser. Sin duda, usted conocerá a gente que no se deja conmover por ninguna empresa nueva. Esa cautela tiene sus razones de ser y es justificada. Después de todo, se trata de influencias y éstas pueden convertirse, fácilmente, en manipulaciones. Hay gente que desarrolla una gran habilidad para utilizar a otros en favor de sus propios fines, sin importarle lo que le puede suceder a la persona así usada. Hasta un consejo brindado con la mejor de las intenciones, puede encaminarnos en una dirección que no es la nuestra.

La gente que no admite ser conquistada por otros para algo nuevo, evita el riesgo de ser usada o apartada del propio camino... o, por lo menos, lo intentan. Prefiere negarse desde el comienzo por temor a no poder incorporarse al suceso y no poder manejarlo. Pero, aun a costa del peligro de ser atado al carro ajeno, a veces puede ser conveniente dejarse incorporar a los proyectos de otros. Porque eso nos puede servir de estímulo para arriesgarnos a cosas, que ni siquiera hubiéramos intentado por nuestra propia iniciativa. Supongamos que el señor Müller dispone de determinados conocimientos y habilidades cuyo valor él no sabe calcular bien. Además, no sabe imponer exigencias. El señor Meier reconoce los talentos no utilizados aún y le propone un negocio, en común, con la empresa X. El señor Müller se muestra sorprendido de que el señor Meier lo considere capaz de encarar esa tarea, pero se deja convencer de que, entre los dos, pueden realizarla. Y, efectivamente, es así. Pero, al final, el señor Müller comprueba que su socio le ha jugado una mala pasada en el aspecto financiero.

Sin duda, eso es irritante; pero, además de adquirir experiencia en lo referente a socios inescrupulosos, Müller ha salido ganando en otros aspectos. Ahora conoce el valor de sus conocimientos y habilidades, y ha aprendido a imponer exigencias y a lograr lo que se propone. Porque por encargo de Meier e instruido por él, se vio obligado a intervenir en arreglos financieros. Al comienzo consideraba que las pretensiones financieras de su socio eran exageradas; pero, impulsado por éste, las defendió ante la empresa X. No le resultó difícil, porque no consideraba el asunto como algo personal. Por fin, reconoció que las ventajas extraídas por el socio, a costa de él, equivalían al precio de una provechosa lección.

Incluso sentimientos desagradables y despreciados en nuestra sociedad, como es el caso de la envidia, pueden transformarse en estímulos. ¿Nunca ha experimentado esas pequeñas puntadas de envidia, cuando su amiga le mostraba un vestido diseñado y confeccionado por ella, o cuando su amigo le mostraba, orgulloso, los productos de su trabajo como pintor aficionado? ¿Nunca ha envidiado a esa colega vinculada con tanta gente interesante? En la envidia se pone de manifiesto nuestro deseo de tener o hacer algo que otro puede hacer. Podemos aprovechar ese sentimiento como estímulo y motor para desarrollar nuestras propias capacidades. No tema: no se quedará en la simple imitación. Usted siempre lo hará a su manera.

Ejercicio:

Una vez más tómese tiempo y haga memoria de los intereses que ha adquirido o de las actividades que ha emprendido estimulado por otras personas. Anote, por ejemplo, quién la estimuló a presentarse para lograr un puesto en un nuevo campo de actividades, quién la acercó a la música sudamericana, quién la animó a desarrollar su talento como dibujante, quién despertó su preferencia por los viajes a Francia y quién le enseñó a paladear la comida italiana.

11

Desarrollo de un ámbito de relaciones

> "En efecto, me siento como el centro del universo, como una isla solitaria. Pero sé que es una locura y que, en realidad, soy una partícula en un caleidoscopio. Basta un minúsculo giro, para que me convierta en parte de otro diseño."
>
> Salvador Minuchin

El flirteo es un vehículo manuable que nos puede acercar a otros. Nos permite tomar contacto con otra persona, sin ningún compromiso y a manera de prueba. Puede quedar en un breve y amable episodio; pero también puede despertar nuestra curiosidad sobre el compañero de juego. ¿Por qué no profundizar el contacto con esa persona con la cual nos hemos sentido tan a gusto en ese breve y placentero momento? Cuanto más receptivos nos volvamos a las señales de otros y cuanto más accesibles nos mostremos, tanto mayor será el número de personas con las cuales nos pondremos en contacto. Comprobaremos que, con algunas de ellas, no nos unirá nada más que esa pequeña situación y que nuestro campo de juego en común es muy limitado. El contacto con otros nos permitirá intuir que allí existen mucho mayores posibilidades. Quizá descubramos rápidamente una amplia gama de cosas en común: ambos provenimos de la misma región, tenemos profesiones análogas, de pronto usted ha dado con alguien que comparte su pasión por las mariposas y que, como usted, no ha logrado entusiasmar a ningún amigo por ese tema. También puede ocurrir que su compañera de flirteo escriba cuentos, como usted, y ande en busca de alguien con quien intercambiar su producción literaria. Puede ser que ambos provengan de "mundos" completamente distintos y, a primera vista, no haya nada que los ligue; pero usted se sintió inmediatamente comprendida y, desde el comienzo, pareció establecerse una intensa corriente entre los dos. Es posible que el otro sea de un tipo con el cual usted nunca ha querido tratar. Pero comprueba, con sorpresa, que esa mujer que trabaja en publicidad está muy lejos de ser superficial, cuando usted creía que era una profesión de ególatras y frívolas. Siente que, a pesar de las diferencias en sus formas de vida, coinciden en la manera de percibir las cosas que los rodean. Y ella descubre que ese hombre que, desde hace más de una hora la fascina con su sensibilidad para el diálogo, es un policía. Ella siempre había pensado que esos tipos eran rústicos y carecían de antenas para detectar las tenues corrientes que pueden establecerse entre los seres humanos. ¿Escucha, usted, en esos casos su voz interior o, por razones de seguridad, se aferra a las ideas preconcebidas? ¿No vale la pena confiar en la vivencia personal y construir sobre ella una relación?

No siempre se trata de jugarse el todo por el todo. Quien sólo considere el flirteo como un medio para encontrar a la mujer o al hombre de su vida, deja de lado muchas otras relaciones, que también podrían inaugurarse con un flirteo. El ámbito de las relaciones es una parte importante de nuestra personalidad. Es necesario desarrollar muchas facetas. Permita que lo arrastren a otros círculos, en los cuales puede descubrir nuevos aspectos de sí mismo.

Red de relaciones en lugar de dependencia

Lo queramos admitir o no, desde muchos puntos de vista, necesitamos de otras personas. Eso no significa que, como adultos, nos mantengamos en un estado de total dependencia. Iniciamos nuestra vida como seres completamente desvalidos. No podríamos seguir existiendo sin la protección y los cuidados de otros. Al comienzo, nuestra independencia consiste sólo en manifestar nuestras necesidades. Para satisfacerlas necesitamos de la ayuda de alguien. A medida que vamos creciendo y madurando, crecen también nuestra autonomía y nuestra independencia. Pero ni siquiera de adultos somos por completo autónomos y autárquicos. Dejando de lado el hecho de que todos nosotros estamos conectados con una gran red de aprovisionamiento, el individuo necesita de otras personas para satisfacer sus necesidades de proximidad y de afecto. Pero tiene la libertad de elegir hacia quienes se acerca.

En el capítulo anterior señalé que necesitamos de otras personas para que nos estimulen a desarrollar nuestras capacidades y talentos. Necesitamos de otros para aprender, para que nos brinden reconocimiento y confirmación, para poder establecer comparaciones, para que nos quieran y nos entiendan, para que nos alienten y nos corrijan.

En el transcurso de nuestra historia nos hemos vuelto muy complejos, de modo que no hay muchas probabilidades de que encontremos un ser humano que nos entienda desde todo punto de vista y que coincida con nosotros en todo. Si bien anhelamos una comprensión sin palabras; eso sólo puede darse en momentos felices, entre dos personas adultas muy próximas. Puede ser que hayamos tenido la suerte de experimentar esa unidad con nuestra madre, siendo muy pequeños. La "madre bastante buena" (Winnicott) comprende tan bien al lactante, que puede satisfacer sus necesidades en medida suficiente.

Pero hay gente que arrastra ese déficit durante toda su vida y pierden la oportunidad de establecer una auténtica relación con otras personas. Buscan la coincidencia total y rechazan lo que el otro les puede brindar realmente. A veces basta, quizá, con manifestarle al otro nuestros deseos con claridad. Pero en lugar de hacerlo uno formula —en silencio o en voz alta— el reproche: "Si realmente me quisieras, sabrías lo que necesito". El sereno análisis conjunto de la pregunta "¿Qué tenemos en común?" puede aclarar la relación y brinda a ambos la posibilidad de compartir, con otras personas, lo que no cabe dentro de ella. No es posible que encaremos en serio la posibilidad de una separación, porque nuestro compañero se niega a compartir nuestros intereses deportivos y a pesar de poder brindarnos mutuamente la medida necesaria de amor, tanto desde el punto vista espiritual como físico. ¿Qué pierde nuestra relación si, de vez en cuando, jugamos al tenis con una amiga?

Son cada vez más las personas que no permanecen unidas

a su pareja durante toda la vida de adultos. Viven, pasajera o definitivamente, solos. Esa no es razón para sentirse solitarios. Por cierto que un variado grupo de amistades no reemplaza a esa persona que nos pertenece, a la cual amamos y en la cual confiamos. Pero una red de amistades de diversa naturaleza puede proveernos lo indispensable. En las épocas en que el lugar a mi lado no está ocupado, el tierno abrazo de mi mejor amiga puede consolarme cuando estoy triste. Y en materia de problemas de trabajo, puedo buscar las soluciones conversando con otra amiga.

Como siempre estamos en movimiento, nuestras relaciones cambian y también cambia el lugar que ocupan en nuestra escala de valores. Mientras nuestros hijos son pequeños solemos mantener contacto con personas con las cuales sólo tenemos en común el jardín de infantes al cual concurren nuestros respectivos hijos. En esa época pasan a segundo plano los amigos con los cuales compartimos los estudios y los primeros años de trabajo. Cuando la educación de los hijos deja de exigirnos tanto tiempo, es posible que perdamos de vista a los amigos del grupo de padres y los viejos amigos recuperen la importancia que tenían para nosotros, o que conozcamos a otras personas con las cuales recorreremos un trecho, más o menos largo, de camino en común.

Podemos visualizar nuestro ámbito de relaciones por medio de un sencillo modelo (véase la figura de la pág. 139) formado por distintas bandas circulares. El círculo interior nos encierra a nosotros y a nuestra pareja; en la segunda banda se encuentran las personas más próximas a nosotros, nuestros hijos, nuestros amigos íntimos y nuestros parientes cercanos; la tercera banda circular es el espacio para otros amigos y para los compañeros de trabajo; en la cuarta banda —es decir, a cierta distancia de nuestro centro— se desarrollan nuestros contactos más superficiales. Estas bandas circulares son permeables; eso significa que una persona que hemos conocido en forma superficial puede ingresar al círculo de nuestros amigos más íntimos. De la misma manera, amigos a quienes tratábamos mucho en determinadas fases de nuestra vida, se alejan al variar las circunstancias. La calidad de la relación hace que consideremos a alguien nuestro íntimo amigo. ¿En qué medida nos podemos

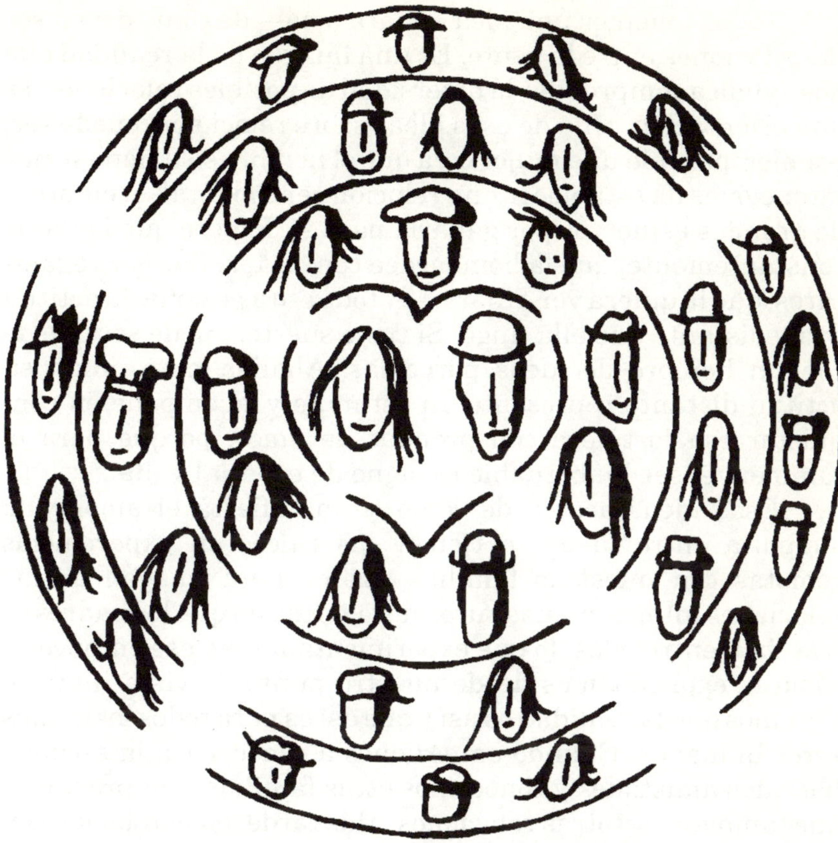

abrir ante él? ¿Qué influencia ejerce sobre nuestra vida? ¿En qué medida nos une el afecto? El tiempo que compartimos no tiene mayor importancia. Quizás usted vea a su amigo o a su amiga sólo una o dos veces por año. Pero cuando tiene un "bajón" espiritual acude a esa persona para descargar su corazón. Porque uno sabe que esa persona lo entiende, que se tienen recíproca confianza, que una conversación con ella no sólo nos aliviará, sino que nos brindará coraje y la esperanza de encontrar una solución a nuestros problemas.

El poder de las imágenes

¿Por qué mucha gente se queda sola o se aferra a relaciones que no le proporcionan el amor y la atención que necesitan?

Todos tenemos una idea —clara o no— de cómo deben ser las relaciones entre la gente. Es una imagen de la realidad que nos ayuda a comprender la diversidad de posibles relaciones, es una orientación. Una de esas ideas sobre relaciones puede ser, por ejemplo, que una mujer crea que el hombre sólo tiene serias intenciones de establecer una relación sentimental, si emprende grandes esfuerzos por ganarla para sí. Espera que la llame constantemente, que la bombardeé con cartas, flores y regalos caros, que la quiera ver a diario... y todo eso a pesar de la actitud fría y distante que ella finge. Si tiene suerte, puede ser que dé con un hombre de ideas parecidas. Alguien para quien su actitud distante represente un estímulo y se empeñe en conquistar esa fortaleza con prendas de amor, porque para él también, el ser inabordable es signo de especial valía.

Esas ideas acerca de cómo se manifiesta el amor y la simpatía entre la gente tienen sus raíces en experiencias remotas con nuestras familias. La primera imagen de las relaciones interhumanas surge de la forma en que los padres se trataban entre ellos, lo que experimentamos en ese entonces y cómo lo explicábamos desde nuestro punto de vista infantil. Creemos que la realidad es así y que así es para todos los demás seres humanos. Cuando empezamos a concurrir a la escuela, hacemos amistades y conocemos otras familias, comprobamos que también hay otras relaciones. Más tarde, en la relación con nuestra propia pareja, hacemos nuevas experiencias y tenemos vivencias que no coinciden con esa imagen reducida, por ser una imagen infantil. Nos vemos precisados a hacer un reajuste, a cambiar alguna de las piezas por otras, vinculadas con nuestras propias experiencias. Cuando nos enamoramos o en un momento de crisis, sentimos que esas reformas se han hecho necesarias. Cuanto mayor sea el coraje con el cual las emprendemos, tanto mayor será la posibilidad de que nuestras ideas coincidan con nuestras relaciones vividas. Y cuanto más realista sea la imagen con cuya ayuda nos orientemos en la vida, tanto antes advertiremos si una relación carece de perspectivas y tanto más coraje tendremos para buscar nuevas orillas.

Pero hay gente que se aferra con todas sus fuerzas a la imagen primitiva. Supongamos que alguien se ha criado en condiciones muy difíciles, porque la madre padecía de alguna adicción. La enfermedad impidió que las necesidades del hijo fueran debidamente tomadas en cuenta y satisfechas. Las efusiones de cariño alternaban con violencia y con indiferencia. Para acomodarse a ese caos, el niño suponía que la madre lo amaba, pero que su propia naturaleza "perversa" provocaba en ella la necesidad del castigo. Y así nació su convicción: "No merezco otra cosa. No soy digno de ser amado". Esa idea no cambiaba la situación, pero otorgaba al niño la posibilidad de "comprender" lo incomprensible. Y eso le brindaba, hasta cierto punto, algo a qué aferrarse. Una consecuencia de esa idea fue, más tarde, la sensación de que no tenía derecho a la comprensión y al afecto, y de que debía arreglárselas solo en el mundo. El niño se independizó precozmente y se convirtió en una persona eficaz. Pero, como adulto, reprime sus necesidades de proximidad y afecto, y no busca acercarse a otras personas por su permanente miedo a que, al conocerlo mejor, los otros adviertan que es un "ser perverso", indigno de ser amado, y lo abandonen.

Cuando alguien se liga siempre al compañero "equivocado" y vive, una y otra vez, experiencias decepcionantes con la pareja, en el fondo suele haber una historia como ésta o semejante. En realidad, toda relación entre dos seres humanos evoluciona de manera distinta, simplemente porque toda persona es diferente de la otra y porque todos cambiamos. Si el mismo drama se repite una y otra vez, aquel que "tenga ese destino" debe reaccionar y hacer algo por sí mismo; porque está aferrado a un modelo de comportamiento y lo pone en escena una y otra vez, en lugar de admitir relaciones vivas. La mujer que, de pequeña, amaba tiernamente a un padre, para ella inalcanzable, puede sustentar la idea de que el compañero ideal para ella es un hombre difícilmente accesible. Con seguridad de sonámbulo se enamora siempre de hombres que no pueden brindarle todo su afecto. Sus relaciones sentimentales tienen que tener obstáculos insalvables y tienen que padecer de anhelos insatisfechos. En apariencia, sólo da con hombres que ya están atados a algún otro compromiso o que, por su parte, se aferran a una imagen de relación que les imposibilita iniciar un proceso de relación sano. La mujer en cuestión siente que ese hombre no está dispuesto, momentáneamente, a iniciar una relación con ella; pero no busca la explicación en lo evidente. Carga con la culpa y considera que ella es indigna. Su comportamiento se ajusta a esa situación. Añora a ese hombre y piensa continuamente en él, pero le oculta sus sentimientos. Porque —de acuerdo con sus ideas— al conocer esos sentimientos el hombre huiría de ella y la consideraría importuna. Por eso, sus sentimientos son perceptibles pero no concretos. En lugar de unir a esas dos personas, se interponen entre ellas como algo vago, nebuloso. Ella oscila entre la esperanza y la desesperación: por momentos se siente elevada por la especial calidad de esa relación y por momentos padece por la falta de perspectivas.

También son cambiantes sus ideas respecto del hombre: tan pronto lo idealiza y le confiere dimensiones sobrehumanas, como lo demoniza y lo considera un ladrón de sentimientos. Su comportamiento hacia él es caprichoso: en ocasiones se muestra tierna, comprensiva y tolerante; otras veces exhibe una amarga ironía y le da a entender que nada puede esperarse de él. En el fondo, la relación existe más en su cabeza que en la realidad. Por eso, su comportamiento se rige más por su imagen del hombre que por el ser humano real. Si la relación termina, reúne una nueva prueba de que no es digna de ser amada. Una vez adquiridas, es difícil liberarse de esas imágenes de relaciones interhumanas, sobre todo si siempre parecen confirmarse. Provocan la sensación de conferir una visión panorámica y prometen seguridad. Para algunas personas parece ser más fácil creer que siempre golpean a las puertas cerradas para ellas, antes que atreverse a entrar en casa de otro. ¿Quién sabe lo que le espera allí? Quizá las reciban bien y les proporcionen lo que necesitan. Podrían llegar a descubrir que son dignas de ser amadas. En ese caso, la opinión que tuvo de sí misma durante años o décadas sería errónea y todo su padecimiento habría sido en vano. Más de uno prefiere pasar de largo ante las puertas que se le abren, para evitar que se desmorone así una imagen.

También es posible que alguien renuncie a una prometedora relación, porque la perspectiva de felicidad va acompañada por el miedo de perderla. Hasta las mejores relaciones pueden terminar, sea por decepción o por enfermedad y muerte. Y justamente aquellos que, acaso, ya sufrieron de niños la pérdida de un padre o una madre muy queridos y no recibieron ayuda para superarla, conocen esa amenaza. Es posible que se hayan resignado a vivir con ese déficit y prefieran renunciar a la felicidad, antes de que ésta les sea quitada.

Para entregarnos a una relación a pesar de esos peligros, tenemos que sentirnos seguros de que toda relación viva, todo contacto exitoso, nos enriquece y que lo bueno que experimentamos con otra persona, se convierte en parte de nosotros y no puede perderse.

12

Cultive su estilo personal de flirteo

"Recorrí muchos caminos.
Todo estaba allí.
Sólo tú,
sólo tú faltabas.
Anduve bajo la lluvia,
estuve en el borde,
recorrí la orilla.
Desesperación,
soledad,
añoranza.
El corazón destrozado
se me va en el viento.
La mañana, el día comienza,
el sol, la luz
me traen la esperanza.
No quiero desalentarme
antes de que la noche
me quite la vida."

Arthur Merian

Alcanzamos el máximo de éxito en nuestros actos, cuando nos empeñamos realmente en alcanzar la meta elegida, creemos tener grandes posibilidades para ello y disponemos de los talentos necesarios.

Si tiene la intención de ampliar su círculo de amigos y conocidos, todo depende de que realmente lo desee. Eso no significa, por cierto, disponerse a descuidar a sus antiguos amigos y conocidos o a romper esos contactos. Sin embargo, es necesario observar y meditar sobre lo que, en realidad, nos une a alguien. ¿Mantienen sus relaciones y amistades toda su vitalidad o hace ya rato que se han empantanado? ¿Mantienen un excitante intercambio o "se han quedado sin aire"? ¿Se brindan mutua alegría o sólo se visitan "porque tendríamos que vernos más seguido"? ¿Todavía se trata de encuentros abiertos o sus contactos se mantienen a una distancia calculada para asegurarse de que ninguno de los dos se acerque demasiado al otro? ¿Tiene la sensación de que conoce al otro como si fuera el bolsillo de su chaleco? ¿Se aburren, con frecuencia, el uno con el otro?

Las amistades auténticas soportan pausas en el contacto. Incluso necesitan, en ocasiones, de esas pausas para darnos oportunidad de conocer a otra gente y tener experiencias con otros. Mientras uno se encuentra "en barbecho", se repone y brinda mejores frutos, de ahí en adelante. Cuando nos volvemos a juntar podemos enriquecer lo familiar con lo nuevo y nuestra amistad seguirá creciendo renovada y revitalizada.

Con algunos amigos sólo recorremos un trecho del camino en común. Después, nuestras rutas se separan. Aferrarse a esa amistad significaría, de ahí en adelante, no avanzar y bloquear la propia evolución. Existen diferentes tipos de ligazón entre las personas. Para proseguir nuestro desarrollo, debemos buscar —de vez en cuando— nuevas conexiones.

A veces, los antiguos lazos no soportan tales experimentos, como ocurrió con Wilhelm, un dibujante de 52 años de edad. Había enviudado hacía trece años y, tras la muerte de su esposa, se había comprometido en diversas tareas ad honorem, para distraerse y encontrarse con gente. En esos ámbitos era una persona muy estimada y responsable. Cuando era necesario crear afiches para un quiosco de informaciones sobre iniciativas ciudadanas, trabajaba hasta altas horas de la noche. Y cuando un amigo o conocido tenía un problema con el auto en plena noche, podía estar seguro de que Wilhelm se pondría en camino para buscarlo y brindarle ayuda.

Por supuesto, los demás le estaban agradecidos. Pero cuando proponía un programa en común, por ejemplo ir al cine y comer afuera, siempre tenían otros compromisos... Por lo menos, eso le parecía a él. Ocasionalmente, había intentado resistirse a los pedidos de los demás. La reacción había sido de desconcierto. Esa no era su habitual manera de ser.

El ayudar a los otros es una forma de establecer relaciones. Wilhelm había apostado demasiado a que su intervención animara a los demás a establecer con él una relación de compañerismo. Al comienzo le había bastado con poder hacer algo por los diversos grupos. En esos momentos había procurado distraerse de su dolor y le bastaba con reunirse periódicamente con otros, sin tener que salir de sí mismo. Por otra parte, nunca había aprendido a expresar sus deseos con claridad y se había limitado a desear, en silencio, que se cumplieran. Ahora había hecho balance y había comprobado que sus deseos de sociabilidad y de intercambio no habían sido satisfechos. Pero el círculo de amigos y conocidos, de tantos años, dificultó las cosas. No podían renunciar a la imagen de "Wilhelm, el infatigable cooperador".

Llegado ese punto, es conveniente abrirse a nuevas amistades. Siempre es difícil encontrar nuevos caminos para acercarse a otros. Pero en el trato con gente que aún no se ha forjado ideas fijas respecto de nosotros es mayor la posibilidad de salir de las vías muertas.

Cultivar el estilo personal de flirteo no significa permanecer dentro de las normas familiares de contacto, sino experimentar, a su manera, formas nuevas. Por ejemplo, no se trata de que, ahora, Wilhelm caiga en la actitud contraria y asalte a sus nuevos amigos con exigencias imperativas. Lo que debe hacer es dosificar su espíritu solidario. Por lo visto, hasta ahora creía que sólo podía esperar algo de los demás si mostraba su utilidad. El flirteo, justamente, sería una buena posibilidad de comprobar que, mediante un intercambio con mucho de juego, se puede establecer contacto con otra persona sin esfuerzos y sin prestaciones previas.

En su acepción original, cultivar significa trabajar la tierra para hacerla fértil, para que fructifique. En sentido figurado significa refinar las costumbres a través de una cuidadosa atención. Al ejercitarnos en el trato fácil con la mayor cantidad de personas que sea posible y al prestar atención a lo que sucede entre nosotros y los demás, cultivamos nuestra manera personal de establecer relaciones con otros. Para eso es necesario aprender a valorar las pequeñas alegrías. Wilhelm daba mucho de sí y esperaba recibir en la misma medida. Se le escapaban las pequeñas demostraciones de consideración y simpatía. Por ejemplo, no apreciaba para nada la charla ligera. La consideraba hueca. Sin duda, ese tipo de charla pertenece a los contactos más bien superficiales; pero a un desconocido sólo nos podemos aproximar con cautela y en superficie. Es una manera de demostrar respeto hacia la manera de ser distinta del otro. Y de los contactos superficiales pueden surgir relaciones más profundas.

Hasta en la manera en que hablamos del tiempo, por ejemplo, podemos advertir si coincidiremos con el otro o no. ¿Puedo motivar a mi interlocutor, si cuando él me comenta que esta neblina y esta humedad lo deprimen, yo le replico que, ahora, que comienza el otoño, disfruto más de la acogedora tibieza de mi casa y pienso con placer en ir al cine? Mi interlocutor puede iniciar una conversación sobre filmes o insistir en que el otoño y el invierno "deberían ser suprimidos". ¿Podemos reír juntos sobre el tema o el diálogo adquiere un tono malhumorado?

Experimente

Experimente con nuevos papeles. Su interlocutor no lo conoce aún. Aproveche la oportunidad para probar cómo se siente si saca a relucir una faceta totalmente diferente de su personalidad. Si, hasta ahora, tenía tendencia a mantenerse a la expectativa y dejaba que otro se hiciera cargo del "puntapié inicial", pues haga un esfuerzo y aborde a alguien. O si siempre ha considerado que, sin su actividad, nunca se llegaba a nada; esta vez póngase en receptivo. Muéstrese dispuesto al contacto, mire en derredor con los ojos bien abiertos y conceda a otros la posibilidad de abordarlo.

¿Sabe, en realidad, cuál es su manera de flirtear? ¿Va inmediatamente al grano o da vueltas como perro para acostarse? ¿Adopta una actitud distante o es de fácil cordialidad? ¿Tantea cautamente el objetivo, o ataca en forma rápida y directa?

Por un tiempo, concéntrese solamente en el flirteo y no se pregunte si de él pueden surgir conocimientos, amistades o una relación sentimental.

El hábil

Es sábado a la noche. Oliver está apoyado contra la barra de su *pub* favorito, acompañado por un amigo, cuando entran dos chicas. Nunca las ha visto allí. El local está muy concurrido y las chicas se dirigen también a la barra. Después de haber charlado un rato entre ellas, entablan conversación con un hombre que está entre ellas y Oliver. Parecería que ambas están abiertas al contacto. A Oliver le gusta mucho una de las dos. ¿Cómo acercarse a ella? Saca del bolsillo de la chaqueta una libretita y escribe algo. Luego pasa el papel a la chica. Ella lee y le sonríe. "¿Puede darme su número de teléfono?", dice en el papelito. Ella quiere saber por qué desea hablar con ella y Oliver se le puede acercar.

La segura de sí misma

Brigitte está junto a la barra de un *pub*. Mira en derredor. Entre semana no hay mucha actividad. Tranquilamente observa a los pocos concurrentes distribuidos en el local. Se trata, más que nada, de parejitas que dialogan en voz baja. En eso, su

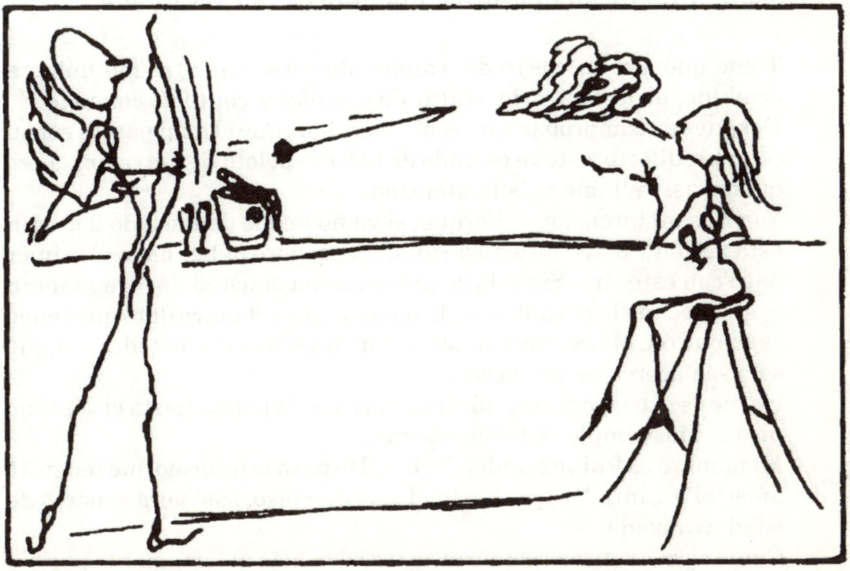

mirada se encuentra con la de un joven sentado a la mesa en un rincón. Está solo. A Brigitte le gusta. Vuelve a su cerveza y, poco después, le arroja una breve mirada por encima del hombro. El le sonríe. Brigitte termina su cerveza, sin apuro, y luego pide una botella de champaña y dos copas. Toma la botella y las copas y se dirige, sin vacilaciones, a la mesa del muchacho. Se sienta, sirve, levanta su copa y brinda: "¡Por nosotros!"

El imaginativo

Philip vive en un piso alto. Es primavera y le gusta sentarse en el balcón a contemplar el panorama. Y ahí está ella otra vez: la mujer joven de enfrente. Está renovando las plantas de su macetero. Se la ve muy bonita, con sus *shorts* y su camisa azules. "Si supiera cómo ponerme en contacto con ella. Llamarla a gritos no sería muy inteligente. Lo mejor sería escribirle", piensa Philip. Pero todo lo que sabe de ella es que vive en un segundo piso. Ignora su nombre. Y, entonces, se le ocurre una idea. Escribe una carta, la introduce en una bolsita de plástico azul, la adhiere a una pelota de tenis, con un trozo de cinta adhesiva. Cuando oscurece, baja, se detiene bajo el balcón de la chica y arroja su mensaje. A la mañana siguiente, cuando la chica sale a regar sus plantas, encuentra la carta y lee:

> Tiene que ser un efecto del cambio de estación... ¿se me hubiera ocurrido, de lo contrario, tratar de *establecer* contacto con usted?
> Después de comprobar, en los últimos días, que el azul parece ser su color predilecto, estuve tentado de teñir la pelota de ese color... pero quizás así le llame más la atención.
> Y ésa es mi intención... Porque, si ya no he ido demasiado lejos con esta acción y usted no está disgustada, espero haber dado el primer paso con este tiro. Si pudiera presentarme a usted de otra manera (y si usted me lo permitiera), lo haría... pero el único dato que tengo es su balcón. Me gustaría mucho charlar un rato con usted... aunque sólo sea acerca de mi "acción".
> No me escriba; porque tendría que arrojar la pelota hasta el séptimo piso... Más simple es telefonearme:
> Mi nombre es Philip Sander, Tel.:... De paso le informo que tengo 31 años (si levanta los ojos hasta el séptimo piso, sólo verá señores de edad avanzada).
> Como verá, trato de acercarme a usted lo más abiertamente posible

y, como ya le he dicho: espero que sea hasta pronto.

Philip Sander

PD: Por si esta noche cae un aguacero y borra mi carta y mi número telefónico, iré preparando la próxima pelota de tenis.

La directa

Birgit pasa frente a un restaurante de comidas rápidas y, a través de la vidriera, ve a ese simpático joven al cual ya ha encontrado, con frecuencia, por la calle. Toma una rápida resolución: entra y pide una gaseosa. Luego avanza entre las mesas vacías y se sienta frente a él sin decir palabra. El levanta la vista de su plato, con expresión de sorpresa, e inmediatamente la vuelve a clavar en la comida. Parece irritado. Ella enciende un cigarrillo. Permanecen sentados, en silencio. El come unos bocados más y termina por empujar el plato. En el momento que alarga la mano hacia la gorra, ella susurra algo. "¿Cómo dice?", pregunta él. Ella dice en voz un poco más alta: "Mi vecino me regaló hoy una botella de vino tinto. ¿Tienes ganas de compartirla conmigo?" "No, no bebo vino", responde él. Ella no afloja y amplía su oferta: "También tengo leche, té, café, agua mineral... Lo que quieras". En realidad, la chica le gusta y su decisión lo impresiona. "Está bien, entonces vayamos", le dice.

El sensual

Alex se siente a gusto. Está de vacaciones y recorre, sin prisa, una ciudad desconocida. El sol brilla y el colorido movimiento que lo rodea le provoca placer. Mientras pasea por el boulevard, su mirada se siente mágicamente atraída por el contoneo de unas caderas. Sigue a la portadora de ese fascinante contoneo. Unos instantes después, ella se detiene ante un escaparate. Alex se detiene a su lado y contempla la imagen de la mujer en el vidrio. Ella también lo estudia de esa manera indirecta. Luego prosiguen su camino y ahora él marcha a su lado. En una esquina, se ven obligados a esperar. Alex le pregunta: "¿Y ahora? ¿Piensa doblar a la derecha o a la izquierda?". Sorprendida, ella exclama: "¡Y por qué quiere saberlo!". "Porque voy en su misma dirección", responde él tranquilamente.

El colado

Es mediodía y Georg está en la fila que espera ante la caja del comedor estudiantil. Se avanza con lentitud. Georg advierte que un muchacho, ubicado bastante más adelante, mira una y otra vez en dirección a una estudiante que está a sus espaldas. Por fin, el muchacho la aborda: "Otra vez nos hacen demorar..." Los dos entablan un diálogo y Georg escucha con atención. El también había arrojado una mirada a la chica. Entretanto, su rival ha llevado la conversación al tema de un concierto de rock y Georg teme que, en cualquier momento, le formule una

invitación. "Ahora o nunca", piensa e interviene en el diálogo con un comentario: "Conozco al grupo, son amigos míos". "¡En serio!", exclama ella y se vuelve hacia él. Es la oportunidad que esperaba: "Tengo entendido que ya no quedan entradas para el concierto. Pero yo tengo dos y, si quieres, te puedo ceder una".

La servicial

Lena regresa de su trabajo. Por fin ha encontrado un lugar para estacionar. Baja del auto y mientras está echando llave se le acerca un hombre. “Disculpe; pero me acabo de mudar al barrio. ¿Puede recomendarme un buen restaurante en la zona?”, le dice con una voz muy agradable. Lena se detiene a pensar. En ese barrio no hay muchos lugares para comer. “¿Qué le gustaría comer hoy?”, pregunta. “En realidad, me da lo mismo”, responde él, “pero, en general, me gusta la comida turca”. “Entonces ya sé. Conozco un pequeño restaurante turco, muy acogedor, y la comida es buena. Pero queda bastante lejos. No sé bien cómo explicarle el camino”, dice y vacila un momento. “¿Sabe qué podemos hacer? Yo lo llevo en el auto de una corrida.” El la mira sorprendido y dice: “Me parece un gesto encantador. ¿Y qué le parece si la invito a comer?”

La “desvalida”

Stella está veraneando en una localidad marítima. Todas las mañanas va a la playa. Y allí encuentra siempre a ese joven. Ya se saludan con una sonrisa. Ya ha transcurrido la mitad de las vacaciones de Stella. Hoy está de especial buen humor y extiende su lona de playa a pocos metros de él. Extrae del bolso su aceite bronceador y se masajea hombros y brazos. Luego dirige al muchacho una mirada desvalida, levanta el frasco y le dice en voz bien alta: “Por favor ¿sería tan amable...?” El vacila, pero se pone de pie y se acerca. “Es el inconveniente de viajar sin compañía”, aclara ella maliciosamente.

El “olvidadizo”

Alfred está sentado en la biblioteca pública, ante una mesa cargada de libros y toma apuntes. Se ha ubicado frente a una mujer muy interesante. De tanto en tanto, sus miradas se cruzan. Ella parece muy interesada. En la sala reina un profundo silencio. ¿Cómo entrar en contacto con esa mujer? Allí no está permitido hablar; pero, de todas maneras, no se le ocurre nada. Tiene la impresión de que pueden permanecer horas muertas allí, en silencio. Y entonces se le ocurre algo. Reúne sus cosas, pero deja la pluma fuente sobre la mesa. Dirige a la mujer una sonrisa de despedida y se encamina a las estanterías para acomodar los libros. Ella se le acerca blandiendo la pluma fuente. “¿No es suya?”, pregunta sonriente. Alfred se muestra muy agradecido y le pregunta: “¿No me permite que la invite a tomar un café?”

El comprensivo

Heiko recorre el mercado de pulgas. En realidad, no tiene intenciones de comprar nada; pero le gusta observar a la gente. De tanto en tanto, se detiene y escucha el regateo en torno a restos de tiempos pasados. Una chica parece enamorada de un osito raído. Lo sostiene con ternura. Pero es demasiado caro. Dirige una mirada implorante al vendedor, pero éste no se muestra dispuesto a bajar más el precio. La chica deja el osito con tristeza y prosigue, lentamente, su camino. Su decepción ha conmovido a Heiko; extrae su billetera y compra el osito. Luego la sigue y le dice: “Usted quería este osito, ¿no? Si me invita a tomar un café con una porción de torta, es suyo”.

La cara “bonita”

Toda persona tiene sus ventajas, sus cualidades, sus talentos, sus intereses y su cara “bonita”...es decir, el lado del cual luce más. Lo especial y propio de esa persona no tiene por qué ser grandioso y llamativo. Puede ser un hobby poco común, como el coleccionar frascos usados, o la capacidad de ver las cosas con humor. En una librería “de viejo” conocí a un hombre que se enloquecía por las recopilaciones barrocas y tenía debilidad por las historias de adulterio del Renacimiento. Quizás usted también reúna características que le parecen muy naturales, pero que ejercen una acción bienhechora sobre otros. Con frecuencia, la gente que no tiene gran facilidad de palabra, cree que eso es un inconveniente. No todo el mundo está dotado de una lengua ágil y no todos tienen necesidad de expresarse con un vocabulario rico. A esa gente le aconsejo cultivar el arte de escuchar. En ese caso no es necesario esforzarse con desesperación por lograr una fluida retórica; bastará con aprender, con demostrar su interés por medio de buenas preguntas, para ser aceptado como un grato interlocutor.

Cuide aquellos aspectos que usted siente como muy propios de su personalidad y póngalos de manifiesto. Son su producto, por lo tanto: publicítelo. Quizá, por ahora, lo viva como algo extraño. Pero todos necesitamos un círculo de personas con las cuales no guste reunirnos y que nos acepten y valoren tal cual somos. Para entrar en contacto con esa gente debemos manifestar con claridad lo que somos. Porque sólo así nos reconocerán como afines.

En el fondo no existen los "seres grises", aun cuando muchos prefieran pasar inadvertidos en todos los aspectos. Descubra lo auténticamente suyo y lo que corresponde a su manera de ser. Publicitarse significa mostrar las propias ventajas. Eso comienza ya por su aspecto exterior. Haga resaltar lo que le gusta de su aspecto exterior y relegue esos pequeños puntos débiles que todos tenemos.

En la publicidad comercial existe el concepto de "U.S.P." (*Unique Selling Proposition*) [Proposición única de venta]. Se refiere al aspecto de un producto que lo diferencia de todos los similares o iguales. No es preciso que se trate de un ingrediente de mayor efectividad contenido por el producto, puede referirse a la mayor duración, a la especial calidad o a la filosofía empresarial, adaptada al estilo de vida de un determinado grupo de usuarios.

Cultive su U.S.P. particular.

El ejercicio que sigue lo ayudará a encontrarlo.

Ejercicio:

Como siempre, le recomiendo que se tome tiempo. Esta vez confeccione una lista de sus veinticinco mayores ventajas. Aun cuando ahora piense: "Nunca llegaré a reunir tantas", inténtelo.

Los integrantes de los cursos informan que esa lista les ha conferido mucha confianza en sí mismos y que, de ella, extrajeron muchas veces coraje en su camino hacia afuera.

13

"Flirtkiller"

Pia no sabe por qué, pero no hay flirteo que le salga bien. Y, sin embargo, le gusta establecer contactos, no es nada introvertida y nunca tiene dificultades para entablar conversación con otros. Pero la levedad, la picardía, la imaginación se le escapan por completo en sus encuentros con otra gente. Se pregunta si otros tienen algo de lo cual ella carece; pero no encuentra respuesta. Ahí está, por ejemplo, su compañera de trabajo Anne: es una persona tranquila; pero Pia la suele observar cuando mantiene una charla amable con hombres y mujeres. Con frecuencia, Anne sale a almorzar con dos compañeros. Cuando regresan, los tres parecen muy distendidos, alegres y como refrescados. En una oportunidad, Pia quiso observarlos con detenimiento y se incorporó al trío. Por lo visto, no fue una buena idea. La atmósfera se volvió pesada y la conversación parecía arrastrarse. Pia hizo bromas acerca de los cantineros, para aflojar a los otros, pero no encontró eco. Tiene la sensación de que está dotada de una habilidad especial para "meter la pata". Porque hasta cuando logra iniciar un flirteo, al poco rato su interlocutor se retira. Sabe que tiene tendencia a ser un poco mordaz. Pero ¿es posible que los hombres de hoy sean tan sensibles y eso los asuste? ¿Se confirmará su impresión de que la mayoría de los hombres son unos flojos?

Pia ha sufrido algunas decepciones con hombres y, como madre que debe educar sola al hijo, debió aprender a plantarse firme sobre sus pies. Al principio fue difícil; pero ahora sabe que puede confiar en sí misma y en su capacidad de acción. Es una persona independiente y está orgullosa de no tener que apelar a nadie. Considera la vida como una lucha constante y está preparada para frenar cualquier ataque. Mientras se abría paso sola a través de la existencia, no podía permitirse ser blanda. Le gusta sentirse dueña de la situación. Desprecia a esas mujeres suaves y acomodaticias que conceden demasiado espacio al hombre en sus vidas. Es verdad que ella también anhela un compañero, pero tendría que estar a su altura.

A muchas mujeres les ocurre lo mismo que a Pia. Su historia personal las ha llevado a desarrollar, sobre todo, las facetas activas de su personalidad. Y así, "la otra cara" ha pasado a segundo plano. Han aprendido a imponerse y se saben capaces. Pero les resulta difícil permitir que algo surja de por sí. Y mientras se ganaban, a fuerza de lucha, un lugar en el mundo del trabajo —más dominado por hombres que por mujeres— todo lo femenino se les volvió sospechoso. En su trato con los hombres, se han habituado a un estilo objetivo y de camaradería. Algunas participantes de mis cursos se han observado y han comprobado que tienden a adoptar un tono de "muchachitos" al hablar con los hombres. Si bien se sienten seguras cuando charlan con ellos de fútbol o autos, han comprobado que, de eso, nunca nace un flirteo. Consideran infantil el comportamiento de las mujeres exitosas en el flirteo. Sin tener conciencia de ello y sin quererlo, su relación con los hombres es de competencia.

Pero la competencia con el interlocutor mata el flirteo. Cuando entramos en competencia con alguien, queremos medir la relación de fuerza entre nosotros y el contrincante, si estamos a la par o quién está por debajo y quién por encima. En el flirteo, en cambio, lo que nos estimula al juego de toma y daca es la diversidad. En la competencia se enfrentan dos rivales activos, mientras que el flirteo adquiere su encanto de ese alternarse de la aproximación (actividad) y el permitir que el otro se aproxime (pasividad).

Cualquier forma de violencia acaba con un flirteo o impide su inicio. Por ejemplo, si nos empeñamos en flirtear, en la mayoría de los casos no obtendremos resultado. Otro tanto ocurre cuando uno intenta someter al otro a presión y cree poder imponer exigencias basándose en el juego. De esa manera se está abandonando el marco del flirteo y es posible que también sea abandonado quien pretende imponer exigencias.

También son *flirtkiller* los intentos de aproximación muy burdos.

Beate nos cuenta de un encuentro que comenzó siendo muy prometedor. Iba camino a su auto cuando un hombre de edad mediana, que pasaba junto a ella, la enfrentó y le dijo, muy amablemente, si podía formularle una pregunta. Sorprendida, Beate quiso saber si no se equivocaba de persona, pero se sintió halagada por su interés. El le explicó que era nuevo en esa ciudad y le pidió que lo acompañara a tomar un té. A Beate le pareció una proposición conmovedora y, tras algunas vacilaciones —y gran insistencia de parte de él—, accedió. Mientras conversaban en el café, el hombre le tomó un brazo varias veces. Beate comenzó a sentirse incómoda y se alejó un poco. El hombre le sonsacó el número de teléfono. Al día siguiente la llamó y, aunque la chica lo atendió con frialdad, la volvió a llamar el próximo día. Entretanto, Beate decidió que ese comportamiento era impertinente.

Es una cuestión de sensibilidad el percibir hasta dónde uno puede aproximarse al otro. Lo que es bienvenido como muestra de simpatía por parte de alguien hacia quien nos sentimos muy atraídos, se vive como abuso si proviene de otro ante el cual experimentamos ciertas reservas. Todos podemos equivocarnos y, alguna vez, nos acercamos demasiado a alguien, sin que, por eso, el flirteo deba darse en seguida por terminado. Pero una repetida desconsideración de los límites personales conduce, con certeza, a un abrupto final.

Presión de las expectativas

A veces parece cosa de brujería. Justamente en momentos en los cuales nos haría mucho bien un pequeño flirteo, todos los intentos fracasan desde el comienzo.

Tal es el caso de Sigrid, una cincuentona muy atractiva. Había estado casada durante treinta años, cuando su marido la dejó por otra mujer. Eso ocurrió hace ocho años; hace tres, se divorció. A Sigrid le gustaba el matrimonio y está cansada de vivir sola. Desea encontrar un compañero. Cuando sale con sus amigas espera, siempre, conocer algún hombre. Nunca pasa nada. Los hombres la miran, pero ninguno se le acerca. Cuando regresa a su casa se siente defraudada, pero se consuela pensando que se mantiene "limpia". A la salida del trabajo suele concurrir a una pequeña cervecería. Allí se encuentra con gente con la cual mantiene trato profesional. Los hombres conversan con ella, son amables e, incluso, caballerescos; pero Sigrid parece ser tabú para un flirteo. Ha pensado en la posibilidad de que su comportamiento dificulte el nacimiento de un flirteo. Y así advirtió que se pone rígida no bien un hombre revela interés. Aunque el hombre le guste, se aparta bruscamente de él y piensa —contra su voluntad, como ella misma señala—: "¿Qué pretende éste de mí?"

En la charla con los demás participantes del curso, se descubrió que Sigrid aún espera que su ex marido regrese junto a ella. La razón le dice que las posibilidades son mínimas. El vive con la otra mujer y Sigrid siente que, cuando ella le habla de sus esperanzas, él se retrae. Ella se había sentido bien en su matrimonio, habían sido años de felicidad y sigue amando a su ex marido. Teme que, al aceptar que esa relación ha terminado realmente, lo bueno que vivió en el matrimonio desaparezca y pierda todo valor. Piensa que, mientras crea en la posibilidad de una reconciliación, esa parte de su vida se conservará.

Es comprensible que, después de la pérdida de un compañero de muchos años, de gran importancia en su vida, una persona desee cubrir, lo antes posible, el claro que el otro dejó. Pero la separación física no significa que la relación haya terminado, como es el caso de Sigrid. Ella mantiene esa relación viva con sus añoranzas y con la esperanza del retorno. El lugar a su lado sigue ocupado por los recuerdos de su marido y ella no está disponible para otros. Para abrirse a nuevas posibilidades de relación es necesario aceptar que la otra relación ha muerto. Sólo así se podrá elaborar el duelo y enfrentar el pasado. Debemos considerar con detenimiento lo que tuvimos de bueno en esa relación y las perspectivas de futuro irremisiblemente perdidas. Pero también debemos tener en cuenta lo que nos faltaba en esa relación. Al crear la esperanza de que esa parte

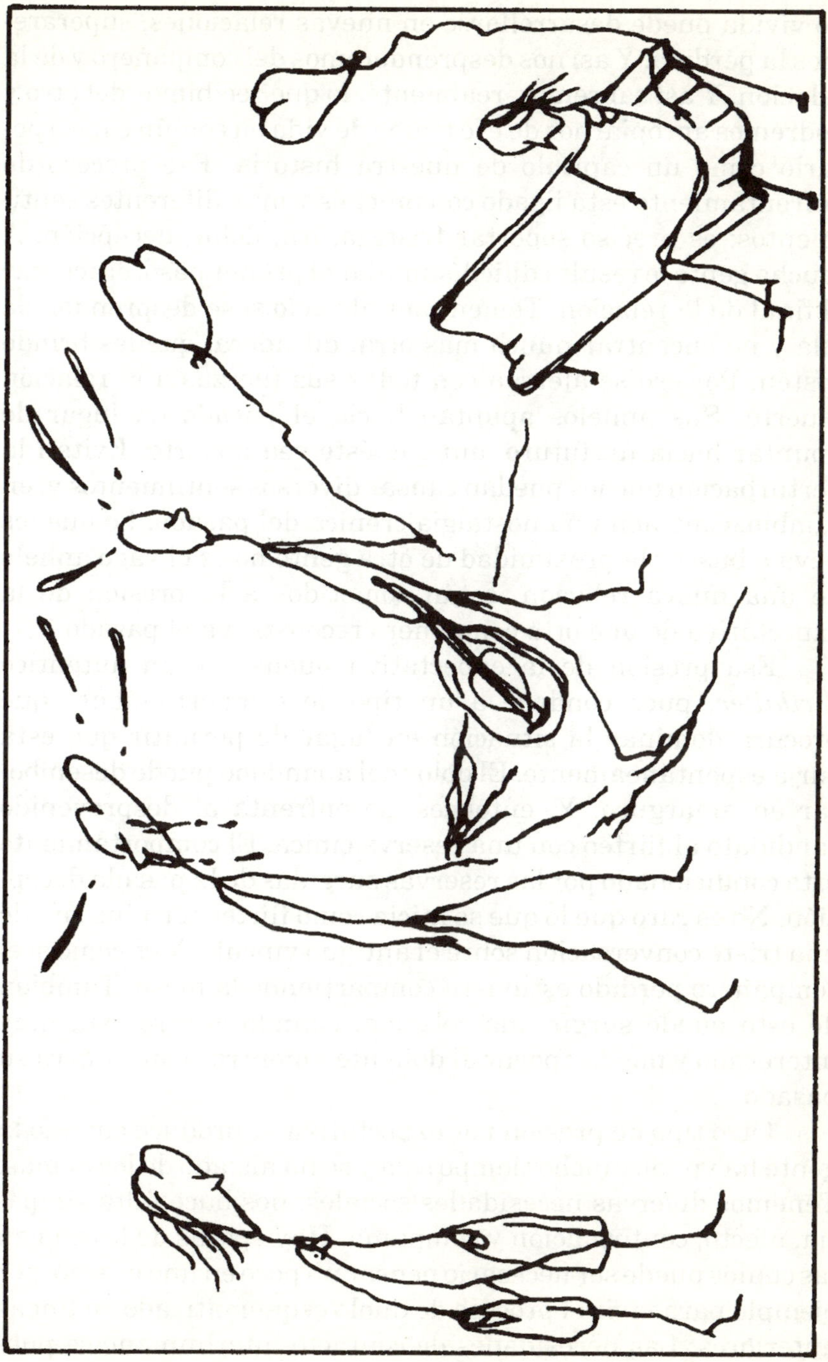

no vivida puede desarrollarse en nuevas relaciones, superaremos la pérdida. Y así nos desprenderemos del compañero y de la relación. Y así sabremos, realmente, lo que recibimos del otro y podremos apropiarnos de ese tramo de vida en común e incorporarlo como un capítulo de nuestra historia. Ese proceso de enfrentamiento está ligado con muchos y muy diferentes sentimientos: es preciso soportar tristeza, ira, dolor, decepción. A mucha gente le resulta dificilísimo dar el primer paso: el aceptar el final de la relación. Temen caer al vacío si se desprenden de ella y no encontrar nunca más otra, duradera, que les brinde sostén. Por eso se aferran con todas sus fuerzas a la relación muerta. Sus anhelos apuntan hacia el pasado en lugar de apuntar hacia un futuro, aunque éste sea incierto. Evitan la perturbación que les puedan causar diversos sentimientos y, en cambio, contraen una nostalgia crónica del pasado. Lo que los lleva a buscar la proximidad de otra gente no es el vago anhelo de una nueva relación; están sometidos a la presión de la expectativa de que otro compañero reconstruya el pasado.

Esa presión de la expectativa puede ser un auténtico *flirtkiller*, pues conduce a un tipo de comportamiento que procura dominar la situación en lugar de permitir que esta surja espontáneamente. El dolor del abandono puede desembocar en amargura. Y, entonces, se enfrenta al desprevenido candidato al flirteo con una reserva cínica. El comportamiento está condicionado por las reservas surgidas de la pasada decepción. No es raro que lo que se inicia como flirteo termine siendo una triste conversación sobre el antiguo vínculo. Y es como si el compañero perdido estuviera compartiendo la mesa. También de esto puede surgir una relación, cuando el otro está muy interesado y puede apoyar al doliente, mientras éste supera su pasado.

Otro tipo de presión por expectativa se produce cuando la gente ha vivido mucho tiempo sola y se ha aislado de los demás. Tenemos diversas necesidades sociales: nos hace falta simpatía, afecto, confirmación y compañía. Hay épocas de la vida en las cuales puede ser necesario pensar un poco en uno mismo, por ejemplo para vivir el proceso de duelo esquematizado en líneas anteriores. Las necesidades de contacto interhumano se pueden postergar por un tiempo; pero, a la larga, no podemos renunciar a satisfacerlas sin consecuencias graves. Y cuando la gente busca conectarse con otros, suele suceder que concentre sus deseos en encontrar a alguien que los satisfaga por completo. Se encuentran, entonces, en una situación semejante a la de una persona que —tras un largo peregrinaje por el desierto— llega a un oasis, famélica y medio muerta de sed. Su impulso es el de compensar el déficit en una sola comida abundante. Se lanza con avidez sobre la mesa tendida, sin reparar en los demás. Dejando de lado el hecho de que alguien en estado de inanición no soporta una comida abundante, sino que hará mejor en comenzar por un caldo, su comportamiento no causará muy buen efecto en los habitantes del oasis. El comportamiento de la gente hambrienta de contactos, cuando se encuentra con un potencial compañero de flirteo, es muy semejante. Lo que éste encara como una aproximación con mucho de juego y nada de compromiso, es considerado por el hambriento de contacto como el comienzo de una historia de amor. En esa situación aferra con ambas manos el recién nacido brote de interés y simpatía del otro e intenta devorarlo. Por lo general, eso conduce a que el otro se retire del juego. De tanto en tanto, los participantes de mis cursos de flirteo informan acerca de esos encuentros que "no les han aportado nada". Ocurre que en estado de carencia es difícil reconocer el valor de un ligero interés y de una ligera inclinación. Los afectados suelen interpretar el cauteloso retroceso del otro como huida e interrumpen el flirteo. Cuando se han cubierto las necesidades sociales elementales, por ejemplo a través de buenos amigos que nos brindan una provisión de afecto y simpatía, podemos permitir que un flirteo se desarrolle libremente y sin la presión de grandes expectativas.

Condiciones desfavorables

Pero también existen circunstancias y condiciones desfavorables al flirteo.

Ya he mencionado el estrés y las preocupaciones como posible motivo de que alguien no se muestre dispuesto al flirteo.

Todo lo que nos exige atención y concentración extremas provoca un estado de ánimo que no admite la juguetona despreocupación ni la actitud de "dejar que las cosas sucedan". Si, por ejemplo, nos encontramos con colegas en una conferencia, para tomar una importante decisión, el proceso de solución del problema nos absorberá por completo. La aparición de nuestro nuevo jefe también puede ejercer una acción inhibitoria sobre nuestras charlas intrascendentes con el compañero de trabajo.

Tampoco debe sentirse decepcionado si su flirteo con la simpática camarera de su bar preferido nunca pasa de un tierno comienzo. Usted va allí a relajarse; pero, para ella, es el lugar de trabajo. Parte de sus obligaciones es el mostrarse amable con los parroquianos.

El exceso de bebidas alcohólicas no sólo provoca un aliento que puede impedir la aproximación, sino que suele traer consigo un aflojamiento que induce a violar rápidamente los límites. Uno mismo tiene la impresión de mostrarse ocurrente y encantador como nunca; pero el otro puede encontrar sus observaciones burdas y ofensivas.

Cuando alguien se enreda en una discusión suele inclinarse muy poco a iniciar un flirteo.

Tampoco podemos entablar un diálogo despreocupado con nuestro interlocutor si hemos echado una ojeada a alguien que se encuentra en las proximidades. Para flirtear necesitamos una cierta tranquilidad de ánimo, que se verá perturbada por la presencia de alguien con quien —desde hace tiempo— cruzamos miradas de simpatía o con quien hemos tenido hace poco una historia sentimental.

Las situaciones en las cuales nos sentimos vulnerables no son propicias para el flirteo. Si, por ejemplo, acabamos de tener un grave enfrentamiento en nuestro trabajo o aún no nos hemos recuperado de la disputa que mantuvimos con nuestra pareja, no estaremos bien predispuestos. Incluso en el sauna, donde nos sentimos tan libres y, aparentemente, desinhibidos, la mayoría de las personas tendrán dificultades para iniciar un flirteo. La desnudez suele imponer un comportamiento que subraya los límites personales.

Si nos sentimos martirizados por violentas dudas sobre

nosotros mismos, es difícil dejar de lado las propias preocupaciones para distraernos con un contacto juguetón. Preferimos dedicarnos a nosotros mismos y proporcionarnos unas cuantas unidades de caricia a través de la autocompasión.

De más está decir que la arrogancia y la indiferencia, al igual que la tendencia a preguntas muy inquisitorias, no permiten la gestación de una atmósfera alegre y cálida.

14

Red de relaciones y "eterno flirteador"

Aquel que permanezca abierto a los pequeños encuentros gratos que se producen durante o entre nuestras actividades diarias, conocerá, en todas partes, gente nueva e interesante. Si, cada vez más seguido, hace el esfuerzo de acercarse a alguien, esa sensación "rara" en el estómago irá desapareciendo. Encontrará lógico ponerse en contacto con la gente que lo rodea y adquirirá cada vez más naturalidad, es decir, se moverá y se expresará de acuerdo con su propia manera de ser. Adquirimos habilidad en lo que practicamos con frecuencia y con gusto. También en el flirteo se puede llegar a la perfección. Pero, cuidado, porque eso implica un peligro. El flirteo, como pequeña vivencia autónoma de encuentro con otro, puede encender lucecitas en nuestra existencia cotidiana. Nos puede poner en contacto con gente que nunca habríamos conocido de otra manera. Podemos descubrir realidades y ámbitos muy diferentes; podemos experimentar curiosidad por ese individuo tan distinto e incorporarlo al círculo de nuestros amigos o entrar a formar parte del suyo. De esa manera podemos desarrollar una red de relaciones a nuestra medida. No en última instancia, el flirteo puede convertirse en una relación que estimule nuestras facetas eróticas —si es que ya no estamos ligados a alguien— y ayudarnos a encontrar el compañero con el cual podamos llevar a la realidad lo que deseamos en el aspecto emocional y físico.

El limitado marco del juego nos brinda la seguridad de encarar con audacia el acercamiento a un desconocido. Porque, como juego, no acarrea —en principio— consecuencias que nos obliguen a adoptar graves decisiones. Podemos desligarnos en cualquier momento. En ese caso nos hemos expuesto durante un rato a lo incierto y podemos regresar, renovados y vitalizados, a nuestra forma de vida habitual. Hemos experimentado un poco de suspenso y de excitación y todo puede quedar ahí.

Practicar el flirteo y cultivar así nuestra capacidad de contacto, sin que de ello surja nada más, puede tener sentido durante algún tiempo, cuando debemos aprender nuevamente a tratar con otra gente. Pero todas las fases preparatorias albergan el peligro de que uno se eternice en ellas. Por ejemplo, podemos detenernos demasiado en el estudio. La gente muy carente de seguridad —carencia que puede revelarse en el afán de perfección— suele suponer que debe saber todo a la perfección antes de exponerse a un examen. No quiere renunciar a la seguridad que van ganando a medida que domina la materia. Y el examen trae consigo el riesgo de que, a pesar de todo, salga a relucir una laguna en los conocimientos. El trabajo nuevo es un recomenzar; otra vez nos sentimos "tontos" y debemos aprender a aplicar, en la actividad práctica, lo que aprendimos en teoría. Las personas empeñadas en evitar los fracasos, en lugar de dejarse llevar por la esperanza del éxito, se acobardan ante las pruebas de capacidad. Mientras pueden, se mantienen en terrenos neutros, como puede ser la vida estudiantil y el flirteo. Allí todo permanece indefinido, y las propias capacidades pueden ensayarse sin someterlas a la carga de una responsabilidad demasiado grande y directa. Si algo sale mal, si se falla en un parcial o si se defrauda al compañero de juego en el flirteo, es fácil corregirlo y no tiene efectos sobre el futuro. Todo es posible aún: uno puede dedicarse a la investigación y hacer un descubrimiento sensacional, que lo predestine al Premio Nobel, o puede fundar una empresa y hacer fortuna con ella. O puede conocer a una mujer que lo eleve a círculos sociales muy distintos y que, al mismo tiempo, lo adore.

Así como el "eterno estudiante" disfruta de las aventuras del aprendizaje y, mientras tanto, no se ve obligado a renunciar a ninguna de sus fantásticas posibilidades, así el "eterno flirteador" se solaza en la excitante tensión de los encuentros eróticos siempre nuevos y diferentes con representantes del otro sexo, sin permitir que se desarrolle una relación con una de esas personas en particular. Pero si se mantiene todo en el aire y se evitan las definiciones, nada puede convertirse en realidad. La realización sólo es posible cuando se adoptan decisiones. La decisión a favor de ese determinado trabajo y de esa determinada persona, contiene la decisión en contra de todas las demás posibilidades. La decisión puede resultar errada, y eso puede crearle a uno exigencias imprevisibles, para las cuales uno no está preparado o dispuesto.

"¡El que quiere pescar, que se moje las bragas!"

Hay mujeres y hombres que flirtean bien y con gusto, mantienen contactos cómodos con un mayor o menor número de personas y, sin embargo, se quejan de su soledad. En su interior, anhelan una persona que permanezca cerca de ellos, una relación íntima. A pesar de sus éxitos eróticos, hace años que no mantienen una relación estrecha con alguien. Ellos se explican ese hecho aduciendo que no han dado con "el hombre de su vida" o con "la mujer de su vida". Justamente por haber buscado con tanto empeño y por haber conocido tantos compañeros potenciales, se han vuelto más exigentes. Siempre hay algo en el otro que los molesta. Como lo expresó una de las integrantes del curso, es lindo disfrutar de una "vida intensa", pero los fuegos de artificio que se queman en esos breves encuentros no brindan una tibieza permanente. Al final, cuando uno necesita de alguien, no cuenta con nadie.

La crepitante tensión de los contactos eróticos pasajeros no puede suplir al afecto constante, sólo posibilitado por un auténtico intercambio entre dos seres. La "cacería" de hombres o mujeres confirma a alguien como hombre o como mujer. Apunta hacia la admiración. Es cierto que necesitamos también admiración, pero las unilateralidades son siempre insatisfactorias. Nuestras necesidades de amor, proximidad, comprensión, confianza, no pueden satisfacerse por ese camino. Es como si uno quisiera alimentarse siempre de fiambres. Cada vez que estamos ante un comienzo —y el flirteo puede ser el comienzo de una relación—, se abren ante nosotros grandes posibilidades: esta podría ser la relación a la cual siempre hemos aspirado. Nuestros deseos son bocetos, y esos bocetos tienden a simplificar lo que necesitamos. En nuestra imaginación todo es redondo y relumbrante. Por ejemplo, imaginamos una perfecta armonía en la relación con un compañero apuesto, inteligente, comprensivo y excitante. Pero ¿puede llevarse a la vida real esa armonía? Si eso fuera posible, ¿no llegaríamos, en algún momento, a estar sentados en nuestro castillo de cuento de hadas, sin hacer nada y aburriéndonos a muerte? En el flirteo erótico nos mostramos, recíprocamente, nuestra "cara bonita", nos mostramos chispeantes y llenos de vida. Eso puede despertar fantasías y hacer que nuestros anhelos se rocen. Pero cuando conocemos de cerca a alguien, descubrimos que el otro tiene caras muy diferentes, que tiene ángulos, cantos y contradicciones. Los "eternos flirteadores" interpretan esas percepciones como prueba de que el otro no es lo que él o ella esperaba, y se retiran. En lugar de confiar en sus sentimientos, que los arrastraron —de pronto—hacia ese desconocido, creen que los han traicionado. Prefieren confiar en su capacidad de iniciar pronto un nuevo flirteo y se lanzan hacia la próxima experiencia. Su anhelo de intimidad permanece insatisfecho y los empuja hacia adelante. En lugar de entablar una relación más profunda —con el riesgo de verse exigidos, por ejemplo, a comprender lo que les parece extraño en el otro— buscan "más de lo mismo". La cantidad debe compensar la falta de calidad. Coleccionan flirteos, se mantienen siempre a la búsqueda de la primera embriaguez del enamoramiento y esperan que muchos amoríos aquieten su deseo de amar. Pero cada vez están más inquietos. Es como si alguien, en busca de un auto confiable, subiera a muchos, encendiera el motor y apretara el acelerador, pero nunca pusiera un cambio y saliera andando. Es posible que, muy en el fondo, dude de su habilidad para recorrer con seguridad un trecho del camino.

El "eterno flirteador" es un especialista en comienzos de relación. Ha agudizado su percepción para las oportunidades favorables y sabe cómo ganarse a la gente. La posibilidad de emprender la retirada en cualquier momento le otorga una cierta libertad en el manejo de la tensión erótica. De acuerdo con su capacidad de mantener en el aire la tensión sexual, se detiene antes o después del contacto sexual. Los hombres y mujeres que se lanzan a esas campañas de conquista por medio del flirteo han colocado la búsqueda de éxitos con el otro sexo en el lugar de la búsqueda de una relación profunda con una mujer o con un hombre. Consideran un éxito "tener" al otro. Para eso, unos necesitan seducir al otro hasta conquistarlo; a otros les basta con despertar el deseo de una relación sentimental con ellos. El o ella se conforman con la suposición: "Yo podría si quisiera". De esa manera mantiene la situación, aparentemente, bajo control y evita el peligro de verse influenciado por el otro o de llegar a depender de él. Pero al echar cerrojo a la necesidad de esa persona determinada, adquiere la adicción a experiencias siempre nuevas y excitantes.

Cómo se gestan las relaciones

"Rosas rojas.
El amor se te obsequia
mezclado con dolor.
A diestra la alegría,
a siniestra el dolor.
¡No es broma!
Quien desconozca el uno,
No reconocerá al dos."
Arthur Merian

Flirtear es como probar un bocado de lo que la otra persona puede dar. Esa muestra puede ser tan promisoria como para inducirnos a lanzarnos al proceso de desarrollo de una relación. Y así entramos en terreno desconocido. No podemos prever si encontraremos "el cielo en la tierra" o nos martirizará el infierno de salvajes pasiones. Todos esperamos de una relación íntima cobijamiento, tibieza, amor, comprensión, confianza. Queremos extraer de ella la energía necesaria para los esfuerzos a que nos someterá el mundo exterior. En ella buscamos mostrarnos tal cual somos y ser amados sin tener que ganarnos el derecho a ello por medio de hazañas de cualquier tipo. Pretendemos que nos brinde confianza cuando nuestros planes amenacen fracasar, y coraje para seguir marchando cuando dudamos.

Pero las relaciones se desarrollan, no se entregan terminadas. Somos los responsables de ese desarrollo, de la parte que nos corresponde. A la embriagadora unidad de la primera eta-

pa del enamoramiento siguen enfrentamientos que nos llaman a la realidad. Por ejemplo, mientras uno de los dos anhela el encuentro por la noche, el otro siente, de pronto, la necesidad de estar solo. Aunque nuestra razón nos diga que está en su derecho y eso no tiene por qué significar nada en especial, experimentamos un intenso miedo de perderlo. Pero ¿tenemos el coraje de comunicar con sinceridad nuestros sentimientos? ¿Podemos buscar entre los dos una solución al conflicto, sin presionarnos el uno al otro? ¿O nos encerramos en un ofendido silencio y transmitimos al otro un difuso sentimiento de culpa? ¿Somos capaces de encontrar una solución que deje espacio para las exigencias de ambas partes? ¿O nos empeñamos en imponer nuestra idea egoísta sin tener en cuenta los deseos del otro?

Hay una diferencia entre dejarnos llevar exclusivamente por lo que nos hace bien, e ir más allá y preocuparnos por las exigencias de la relación. Las relaciones necesitan condiciones favorables para crecer. Al comienzo son como tiernas plantitas que requieren un atento cuidado. Aunque nuestro deseo de estar siempre juntos nos parezca desmedido, es digno de ser tenido en cuenta. Surge de la naciente relación y no significa que hayamos retrocedido al estado del infante que exige la permanente presencia de otra persona. Por un tiempo hacen falta mucha atención y amorosos cuidados, hasta que la relación se afirma un poco. A partir de ese momento puede tolerar cargas sin experimentar daño. Los miembros de la pareja pueden relegar sus propios deseos, por un tiempo, de la misma manera que los padres postergan sus propios deseos y necesidades, y los subordinan a los del hijo, porque saben que no ha de ser así para siempre. A medida que crece la certeza de que uno está realmente unido al otro, surge la confianza en que ese vínculo se mantenga, aunque el otro concentre, por momentos, su atención en algo distinto.

Los enfrentamientos por diferencias en las expectativas, inclinaciones, opiniones y hábitos pueden desembocar en el alejamiento, pero también pueden profundizar la relación. Si, por ejemplo, uno de los dos tiene la costumbre de practicar una hora de deporte después del trabajo, porque esa es su manera de iniciar el lapso de tiempo libre, el otro puede vivir ese hábito como un rechazo agraviante. Quizás él no necesite de esa forma de transición, porque es capaz de adaptarse con mayor rapidez. Es fácil que surja el reproche de que el deporte es más importante que la relación. Una discusión abierta sobre el tema puede ser ventajosa para los dos, si uno entiende que el otro necesita del deporte como preparación, por así decirlo, para librarse de las tensiones del trabajo y luego poder consagrarse por entero a su pareja, y permite al otro conservar su hábito sin sentimientos de culpa. Se abre, entonces, un espacio más amplio: ambos tienen la posibilidad de elegir si han de utilizar ese tiempo de transición para sí solos, si han de practicar juntos un deporte o les conviene buscar otras formas de pasarlo en común.

El requisito para que esos enfrentamientos sean positivos es que —a pesar de todo el amor que se profesan— cada cual no sea sólo una parte de la relación de pareja, sino un individuo independiente. Lo extraño del otro, lo que al principio separa, puede convertirse en un motivo de unión. La relación es, entonces, el tercer elemento: una interconexión, cada vez más densa, entre nuestros diferentes aspectos.

15

Oportunidades...

"Busqué en la arena,
a lo largo de la infinita orilla.
Superé escollos y fronteras.
Encontré huellas.
El corazón estalló en mi pecho
de alegría.
A la distancia, en el horizonte,
una silueta en la arena.
Un rayo me alcanzó.
Estoy paralizado.
Tierno me recibe tu corazón.
Impotencia ante la noche.
El fuego del amor, atizado,
ha hecho uno de los dos."
Arthur Merian

Mi primera intención fue intitular este capítulo "Oportunidades y riesgos"; pero, después de mucho pensar, me decidí por éste. Porque cuanto más meditaba sobre el tema, tanto más claro veía que el "sí" al prójimo, manifestado en el flirteo, nos hace ganar mucho más de lo que podemos perder. ¿Qué estamos arriesgando, después de todo, cuando abordamos con amabilidad a una persona? Puede ser que no perciba nuestra oferta o que nuestra amabilidad lo abrume al punto de no querer dejarnos partir. Entre esos dos extremos —el ignorar y el aferrarse—, hay infinidad de posibilidades de vivir algo que enriquezca nuestra existencia cotidiana: el pequeño obsequio de un contacto que nos brinde calor; un punto de vista nuevo para nosotros y, con él, una ampliación —al comienzo diminuta— de nuestro horizonte mental; la creación de una red de relaciones que responda a nuestro modo de ser. Los pequeños cambios, apenas perceptibles, tienen grandes efectos si los observamos un poco. En los cursos de flirteo veo continuamente cómo algunos de los participantes —estimulados por el grupo— prueban, de a poco, un nuevo comportamiento y así llegan a experimentar cambios con los que ni siquiera habrían soñado al comenzar.

Marion, de 32 años, maestra de una escuela diferencial, se anotó en el curso porque, después de vivir durante años sola con su hijo, quería encontrar un compañero apropiado. El flirteo le molestaba un poco y sólo quería adquirir conocimientos para ganarse al "hombre de sus sueños", si éste llegaba a cruzarse en su camino. Su vida cotidiana era tranquila y rutinaria. Pasaba la mayor parte de su tiempo libre con el hijo, quien, entretanto, había comenzado a recorrer caminos propios. De tanto en tanto, se encontraba con amigas a quienes conocía desde hacía mucho. Esperaba que la presencia de un compañero otorgara más colorido a su existencia. No le gustaba mucho ir sola al cine o a un concierto. Los ejercicios le permitieron comprender que tenía algo para ofrecer. Con vacilaciones, como es propio de su manera de ser, intentó conocer gente nueva. Le sorprendió comprobar que, tanto las mujeres como los hombres, entraban rápidamente en confianza con ella. Por fin nos informó acerca de sus vacaciones en un gran hotel deportivo. Al comienzo se había sentido perdida. Luego comenzó a saludar a los huéspedes que conocía de vista y a cruzar unas palabras con ellos. Al poco tiempo conocía a la mayoría de la gente del hotel. Estaba orgullosa de tener que agradecer a su propia iniciativa toda esa multitud de nuevos contactos, ya que siempre había esperado a que los otros la abordara. Estaba sorprendida ante la cantidad de posibilidades de nuevos contactos que no sólo podía percibir, sino también establecer. Como ella misma declaró, los ejercicios que la instaban a pensar en sí misma fueron los que más la ayudaron a salir de su caparazón.

Como Marion, mucha gente experimenta una silenciosa insatisfacción en lo que respecta a su vida. Es verdad que hay preocupaciones y dolores más grandes, pero la rutina diaria y los grupos cerrados de amigos terminan por producir tedio. No es que uno se sienta realmente triste, pero hay poca alegría y ninguna sorpresa. Todo se mueve con la regularidad de un péndulo, sin altibajos. Y, entonces, uno tiene la sensación de que la vida va perdiendo intensidad. Algunas personas se resignan y explican ese fenómeno como el primer síntoma de envejecimiento. Sin embargo, no importa que alguien tenga treinta y tres años o cincuenta y cinco. Cuando esa gente siente, ocasionalmente, que algo en ellos no acepta la situación, se llama al orden y se dice que, en realidad, no tiene un motivo real para quejarse. Consideran que la insatisfacción, el vacío, la sensación de estar detenidos en aguas tranquilas, en lugar de fluir con el río de la vida, es señal de que se van aproximando al final. Este estado demuestra, efectivamente, que algo tiende a terminar. Siempre que nos acomodamos al ámbito de nuestra vida, que conocemos todo, que no se producen novedades en nuestra actividad y en nuestras relaciones, se instala la rutina. Entonces ha llegado el momento de hacer balance y de prestar atención a esas pequeñas ideas locas. Todas las aspiraciones a las que se ha renunciado, una y otra vez, porque había algo más importante por qué preocuparse, llevan en sí el embrión de un cambio.

Algunas personas, en esa situación, sienten que necesitan algo de afuera, de otra gente, nuevos amigos y otros intereses en común, condiciones distintas. Quizás en el trato con los amigos se hayan establecido rituales: se reúnen a charlar siempre sobre los mismos temas. Puede ocurrir que se sienta el vago deseo de juntarse con los otros, no sólo para conversar sino para hacer, alguna vez, algo en común. Pero uno no sabe qué y las vagas propuestas no encuentran eco entre los amigos y conocidos. O bien se tiene la sensación de vivir demasiado recluido en sí mismo, instalado en su propio caparazón como el caracol, y de compartir muy poco con los demás.

Aunque parezca una paradoja, el camino hacia afuera, hacia otras relaciones, pasa primero por dentro. Sólo cuando hemos tasado nuestros propios tesoros y hemos comprobado que no estamos con las manos vacías, que tenemos algo para ofrecer, podemos acercarnos en forma más abierta a los demás. En ese caso no nos lleva a los otros nuestro incómodo sentimiento de déficit; podemos esperar, tranquilamente, a dar con personas que pueden sacar provecho de lo que nosotros tenemos para dar. La conciencia de tener algo valioso para brindar marcha pareja con la conciencia de que podemos exigir algo a cambio.

Vera, una empleada pública de 43 años, había sido, durante muchos años, la dadora inagotable. Entre los parientes era la "tía buena", a la cual se podía llamar en cualquier momento de necesidad y quien siempre estaba dispuesta a ayudar. Había dado por terminada una relación de muchos años al comprobar, repentinamente, que ella siempre había postergado sus expectativas y necesidades en favor de las de su compañero. Creía que las exigencias de otros eran más importantes que las propias. Luego se había consagrado a su padre enfermo. Después de la muerte de éste, había hecho un balance y había llegado a la conclusión de que, a partir de ese momento, se dedicaría más a cumplir sus deseos. De pronto vio que su disposición permanente a la ayuda, su capacidad de dar y de soportar la tensión de los propios deseos insatisfechos, eran debilidades aprovechadas por los demás. Le llevó un tiempo comprender que el problema no estaba en los otros, sino que ella se había "vendido por debajo de su valor". No sólo había considerado sus exigencias como menos importantes que las de los demás, sino que había subestimado lo que ella tenía para ofrecer. Había dudado de su propio valor y había esperado, muy en el fondo, que otros reforzaran su autoestima. Pero había pasado por alto el hecho de que los otros no tenían tanta capacidad de comprensión y de acción como ella. Se había entregado a los demás en su búsqueda de reconocimiento y amor. Todo pedido de ayuda —proviniera de quien proviniese— desencadenaba en ella, automáticamente, la intervención correspondiente. "No sabía decir que no", porque temía perder hasta ese poquito de reconocimiento. Sólo cuando se aceptó a sí misma como un ser valioso, con aspiraciones y necesidades justificadas, descubrió que sus buenas cualidades eran algo que la distinguía de los demás. Sus cualidades dejaron de ser para ella algo que compensaba su sensación de minusvalía, para convertirse en algo que podía ser objeto de intercambio. Ahora no tiene que acudir en ayuda de todo el que necesita algo, sino que puede elegir el destinatario de sus esfuerzos.

Las relaciones que esbozo aquí son algo que liga a dos personas; se gestan entre ambos, son una obra en común. Si usted se siente atraído hacia alguien y percibe la posibilidad de un contacto, de una relación, no espere a que el otro dé el primer paso. Quizás el otro no haya percibido aún esa posibilidad o no se atreva a acercársele. Brinde la oportunidad para que ese contacto se concrete. Es probable que usted haya captado, intuitivamente, algo que puede significar un enriquecimiento para ambos. No se trata de su persona, que usted puede ofrecer y que puede ser rechazada; se trata de algo que puede llegar a gestarse entre los dos. Si consideramos las cosas desde ese ángulo, puede ser más fácil vencer las propias resistencias. Si, por ejemplo, alguien está encargado de hacerle llegar una información —digamos, la secretaria de su jefe—, no dejará de hacerlo porque usted sea una persona tímida. Lo importante es la cosa en sí, la información en torno a la cual se establece la comunicación. También hay un tercer elemento en juego, cuando usted experimenta el impulso de abordar a alguien; ese tercer elemento es el contacto.

Conocerse a sí mismo

> "Comparados con lo que podríamos ser, estamos apenas semidespiertos. Sólo utilizamos una pequeña parte de nuestras dotes físicas y mentales. En otras palabras: el hombre vive muy por debajo de sus posibilidades. Dispone de fuerzas de los más variados tipos y, en la mayoría de los casos, no las moviliza para nada."
>
> William James

El esfuerzo de entrar en contacto con muchas más personas vale la pena desde varios puntos de vista. Al hacerlo, no sólo descubrimos otros enfoques y maneras de ver las cosas, sino que podemos conocernos, cada vez mejor, a nosotros mismos.

Comprobará, sorprendido, con cuánta gente distinta puede entablar conversación si usted renuncia a la falsa suposición de que, desde el comienzo mismo, debe haber un alto grado de coincidencias. Quizá descubra que el breve intercambio de palabras con un vecino que se ha detenido junto a usted para escuchar a un cantor callejero puede ser más interesante y estimulante que la conversación con un colega al cual encuentra todos los años en un congreso. No tiene por qué ser a causa de la actitud rígida de su colega; puede ser que, en ese momento, usted haya estado saturada de temas profesionales. Eso no quiere decir que se haya desentendido del congreso ni que deba compartir todas las opiniones del vecino. Basta con que respete la posición de él. Un vistazo a la realidad del otro puede despertar en usted nuevas ideas y quizá su placer por la música callejera no difiera mucho del suyo propio.

Si nos amamos y respetamos tal como fuimos modelados por los avatares de nuestra historia personal, podremos aceptar a cualquier otro, ya se trate de un recolector de desperdicios de la municipalidad o de un profesor universitario. Como seres humanos, no somos superiores a los demás sólo porque, en nuestro carácter de ejecutivos, tenemos una mejor posición social. Y no es forzoso que demostremos un respetuoso sometimiento al otro sólo porque no sabemos tanto como él acerca de física experimental.

Si conocemos nuestro propio valor, no es necesario que exhibamos nuestras cualidades y talentos como en un escaparate. Podemos permitir que aflore aquello que coincide con este determinado encuentro. Y así podremos aceptar el respeto y el interés del otro como lo que realmente son: pequeños obsequios del instante.

De esa manera nos evitamos muchas consideraciones, innecesarias y perjudiciales para el contacto, acerca del juicio que merecemos del otro. ¿Cómo podemos pretender que el otro pueda formarse un juicio si apenas ha comenzado a conocernos? Nadie es tan simple como para que se lo conozca a fondo en el primer contacto. Pero en ese instante, en el cual se produce un encuentro vivo, puede surgir una chispita de simpatía e interés, gracias a la cual ambos sintamos que vale la pena profundizar ese contacto. Cada contacto exitoso reforzará un poco su convicción de que usted es una persona digna de ser amada. Para gustar a los demás no necesita recurrir a contorsiones agotadoras ni colmar una velada con la enumeración de sus talentos y méritos. Debe cumplir las pequeñas y grandes hazañas en su propio beneficio, porque en su interior hay mucho que debe salir a la luz.

Si se esfuerza honestamente por comprender a otras personas, no sólo vislumbrará otras formas de vida, ámbitos de trabajo y sistemas de valores, sino que descubrirá en qué se diferencia usted de los otros. Si no conocemos otras realidades, muchas cosas en nosotros nos parecen naturales y no las percibimos como algo especial.

Lo que usted considera correcto e importante en su vida y la forma en que maneja su existencia se han ido gestando en el transcurso de su historia personal y han demostrado su validez. El hecho de que otros sean diferentes de usted y vivan de otra manera sólo demuestra que han tenido otra historia. Si alguien que pretende saber más que usted le dice que sus opiniones son "erradas" o que usted ha hecho mal algo, póngalo en su lugar. Sólo usted puede saber realmente lo que, para usted, es bueno y correcto. No se apresure a adoptar los puntos de vista de su interlocutor o a permitir que lo inste a iniciar otras actividades y asumir nuevos intereses. Cuando alguien le llame la atención sobre algún detalle de su personalidad y eso resulte una novedad para usted, tómelo, en primera instancia, como simple información. Todos tenemos nuestros "escotomas" y no nos conocemos a fondo. Reciba esa información como estímulo para pensar y analícese solo y en silencio, para decidir si hay algo de cierto. Porque también es posible que el otro proyecte en usted algo que en realidad está en él.

Usted, por su parte, no debe apresurarse a juzgar lo que observa en el otro. Lo que aparenta ser falta de seguridad en los objetivos o falta de firmeza, puede ser una actitud de cautela de una persona que prefiere esperar que las cosas maduren antes de intervenir. En primer lugar hay que tener los sentidos muy despiertos para percibir lo que el otro deja ver de sí mismo en ese instante. Sólo cuando nos hayamos conocido más de cerca, podremos formarnos un juicio... si todavía queremos hacerlo.

Amabilidad

La primera vez que me entrevistaron por radio, con motivo de mis cursos de flirteo, la moderadora —Julita Münch— opinó que aprender a flirtear era, seguramente, aprender a tratar al prójimo con más amabilidad. Creo que la amabilidad no es sólo una especie de fluido que facilita el trato entre gente diferente y en situaciones diferentes. Va más allá de eso. También es parte de una actitud mental que nos puede proteger de daños espirituales, de ofensas y de disgustos. El respeto a sí mismo y a los demás, la convicción de que todo lo que sucede tiene un sentido y la certeza de que todo en nosotros y alrededor de nosotros está en permanente evolución, forman parte de esa actitud mental.

No sé si, en ciertos individuos, la amabilidad es algo innato. Considero que el comportamiento amable no se aprende de memoria, como si se tratara de los vocablos de un idioma extranjero; todo depende de que demos paso a nuestra amabilidad. Si estamos de acuerdo con nosotros mismos, nos tratamos con amabilidad y buena voluntad. Puesto que siempre tenemos tendencia a buscar la confirmación de nuestras convicciones, esperamos que los demás también nos traten con amabilidad y buena voluntad. Y así, la amabilidad se filtra en todos nuestros contactos, sean éstos comerciales o personales.

Por supuesto que también existen la hostilidad, el disgusto, la desconfianza. Podemos tener malentendidos y serios enfrentamientos. A veces debemos luchar contra otros y tratar de imponernos, porque estamos convencidos de que la causa que defendemos es importante para la evolución. Esos enfrentamientos pueden ser como peleas de boxeo o como esos duelos coreográficos de las artes marciales asiáticas. ¿Cuál es, en el fondo, la causa de los enfrentamientos? En última instancia procuramos lograr un efecto. Aquello que nosotros consideramos bueno y correcto debe adquirir espacio y debe poder propagarse. Podemos intentar alcanzar ese objetivo imponiendo a otros nuestras convicciones y nuestra voluntad. Si tenemos más poder que el otro, lo lograremos. Pero ¿por cuánto tiempo hará el otro las cosas como nosotros queremos, porque se las hemos impuesto en lugar de intentar convencerlo? ¿No estaremos despertando su rebeldía al hacerle sentir su impotencia? Eso lo inducirá —como mínimo— a cumplir de mala gana la tarea que le hemos impuesto; si es que no procura sabotearla. De esa manera hemos creado condiciones desfavorables para nuestra causa. El pedido formulado con amabilidad y el punto de vista amable y claramente defendido, demuestran respeto hacia la dignidad del otro y facilitan el ganarlo para nuestra causa.

Muchos contactos se rigen por un criterio meramente objetivo. Cuando salimos de compras o buscamos papel en la división de suministros de nuestra oficina, las personas con las que nos encontramos son, en principio, simples proveedores de cosas. El vendedor y la persona encargada de suministrar el material de oficina pueden entregarnos las cosas sin pronunciar palabra, como una máquina; pero tanto ellos como nosotros podemos añadir unas palabras amables a la situación. Esto supone una pequeña ganancia para todos. Por otra parte, es mucho más difícil ser brusco con una persona amable que con alguien indiferente.

Si alguien nos rechaza o nos ataca, puede tener muchos motivos. Quien espera buena voluntad y amabilidad de los demás, sufrirá menos experiencias desagradables que quien presupone hostilidad por parte de todos. Al primero le resultará más fácil encontrar una explicación a la conducta del otro y reaccionar de acuerdo con los motivos de esa situación momentánea, en lugar de tomar el rechazo como algo personal. Por ejemplo, puedo estar disgustado porque alguien de quien yo quisiera recibir noticias no me llama. Desconozco sus motivos. Puede ser que nada tengan que ver conmigo. Pero también puede ser que en ese momento esté muy ocupado en una tarea fastidiosa y no quiera revelarme su irritación. Es posible que prefiera hablar conmigo cuando esté más distendido y receptivo. Me corresponde a mí clarificar los motivos de ese comportamiento que me irrita. Con frecuencia, las cosas no son lo que parecen ser a primera vista. Si buscamos los aspectos positivos de una situación, superaremos con mayor facilidad las experiencias ingratas y encontraremos otra vez el camino para acercarnos al otro.

En definitiva, los contactos amables y juguetones que se establecen con la ayuda del flirteo nos pueden proporcionar muchas unidades de caricia y fuentes de estímulo, que otorgan tibieza, color y emoción a nuestra vida.

Bibliografía

Asper, Kathrin: *Verlassenheit und Selbstentfremdung*, Munich, 1990.

Bach, Georg K. y Deutsch, Ronald M.: *Pairing*, Reinbek bei Hamburg, 1988.

Blathner, Dirk: "Über das Flirtspiel", en: *Zwischenschritte, Beiträge zu einer morphologischen Psychologie* 2/86, Colonia.

Cameron-Bandler, Leslie: *Wieder zusammenfinden*, Paderborn, 1983.

Cohn, Ruth C.: *Von der Psychoanalyse zur themenzentrierten Interaktion*, Stuttgart, 1990.

Fast, Julius: *Körpersprache*, Hamburgo, 1990.

Grinder, John y Bandler, Richard: *Therapie in Trance*, Stuttgart, 1989.

Gruen, Arno: *Der Verrat am Selbst*, Munich, 1992.

Harris, Thomas A.: *Ich bin o.k.-Du bist o.k.*, Hamburgo, 1981. [*Yo estoy bien, tú estás bien*. Barcelona, Grijalbo, 1984.]

Harris, Amy B. y Harris, Thomas A.: *Einmal o.k.-immer o.k.*, Hamburgo, 1990. [*Para estar siempre bien*. Barcelona, Grijalbo, 1985.]

Kast, Verena: *Paare*, Stuttgart, 1985.

Kirsten, Rainer E. y Müller-Schwarz, Joachim: *Gruppentraining*, Hamburgo, 1991.

Kohut, Heinz: *Narzissmus*, Francfort s/M, 1976.

Minuchin, Salvador: *Familienkaleidoskop*, Hamburgo, 1988.

Montaigne, Michel de: *Essais*, Zurich, 1953. [*Ensayos completos*. Barcelona, Iberia, 1968.]

Riedel, Ingrid: "Die Kunst der Abhängigkeit", en P. Buchheim, M. Cierpka y T. Seifert (comps.): *Psychotherapie im Wandel / Abhängigkeit*, Berlín, 1991.

Seligmann, Martin E.: *Pessimisten küsst man nicht*, Munich, 1991.

Watzlawick, Paul, Beavin, John H. y Jackson D. D.: *Menschliche Kommunikation*, Berna, 1990.

Watzlawick, Paul; Weakland, John H. y Fisch, Richard: *Lösungen*, Berna, 1988.

Watzlawick, Paul: *Die Möglichkeit des Andersseins*, Berna, 1991.

Watzlawick, Paul: *Anleitung zum Unglücklich sein*, Munich, 1986. [*El arte de amargarse la vida*. Barcelona, Herder, 1986.]

R. CRISPO, E. FIGUEROA Y DIANA GUELAR	*Anorexia y bulimia. Lo que hay que saber*
HENRY JAMES BORYS	*El camino del matrimonio* **Diario íntimo del crecimiento personal a través del conflicto, el amor y las relaciones**
PAUL POWERS Y DEBORAH RUSSELL	*Disfruta de tu trabajo* **Cómo disfrutar del trabajo que tienes**
ELEONORE HÖFNER	*Instrucciones para estropear el matrimonio*
LINDA HUNT ANTON	*La decisión de ser madre para la mujer de hoy* **¿Realización y libertad personal o dolor y frustración?**
ASSUMPTA ROURA	*Telenovelas. Pasiones de mujer* **El sexo del culebrón**
DIANA HUNT Y PAM HAIT	*El tao del tiempo*
SONIA RHODES Y MARTIN S. POTASH	*¿Por qué los hombres no se comprometen?*
MICHAEL P. NICHOLS	*Análisis psicológico de la crisis de los 40 años*
ARLENE MODICA MATTHEWS	*No pienses tanto en el dinero*
NICHOLAS CAPALDI	*Cómo ganar una discusión*
SUSAN BAUR	*Hipocondría*
HARRY LORAYNE	*Cómo desarrollar su memoria para ganar dinero en sus relaciones profesionales*

Títulos de próxima aparición

STEFAN VANISTENDAEL Y JACQUES LECOMTE	*La felicidad es posible* **Despertar en niños maltratados la confianza en sí mismos: construir la resiliencia**
BORIS CYRULNIK	*El encantamiento del mundo*
MICHEL MANCIAUX	*La resiliencia* **Resistir y construir**
FRANCESCO ALBERONI	*El arte del poder*
DIANA GUELAR Y ROSINA CRISPO	*La adolescencia: manual de supervivencia* **Guía para hijos y padres**
TIM GUÉNARD	*Más fuerte que el odio*